mandelbaum *verlag*

Susanne Jalka

STREITKOMPETENZ

Über den Zusammenhang von Konflikt
und Demokratie

mandelbaum *verlag*

Gedruckt mit Unterstützung von

mandelbaum.at • mandelbaum.de

ISBN 978399136-020-9
© mandelbaum verlag, wien • berlin 2023
alle Rechte vorbehalten

Projektkoordination: KATHRIN WOHLMUTH-KONRAD
Lektorat: LAURA HÖRNER
Satz: BERNHARD AMANSHAUSER
Umschlag: MICHAEL BAICULESCU
Druck: PRIMERATE, BUDAPEST

INHALTSVERZEICHNIS

- 7 Das Prinzip Streit
- 10 Streitkraft
- 13 Warum Streit?
- 17 Demokratie als Streitlabor
- 19 Zwischenspiel: Menschenrechte
- 21 Eleanor Roosevelt
- 23 (Innere) Konflikte
- 25 Zwischenspiel: Gruppenübung
- 27 Streit als soziale Kompetenz
- 31 Zwischenspiel: Bewusstseinskultur
- 35 Zum Beispiel Rita
- 40 Streitregeln
- 48 Krise
- 51 Der innere Monolog
- 56 Selbstreflexion
- 58 Das Neue Denken
- 61 Zwischenspiel: Selbstreflexion
- 64 Zum Beispiel Rita
- 71 Frauen & Demokratie
- 77 Atmen
- 83 Angst
- 89 Streitkraft im Video
- 94 Literatur

Hinweise zur eigenen Arbeitsweise

Quellenangaben

In diesem Text finden Sie keine Quellenangaben, sondern eine Auswahl an Literatur, aus der ich geschöpft habe und weiterhin schöpfe. Zum Teil stelle ich Behauptungen auf, die möglicherweise Widerspruch hervorrufen. Dies ist intendiert und ich freue mich über Kontaktaufnahme.

Wiederholungen

Dieser Text enthält zahlreiche Wiederholungen. Diese Wiederholungen sollen dazu dienen, dass das Gesagte sich verfestigt und in das Bewusstsein der Leserinnen und Leser übergeht. Zugleich dienen die Wiederholungen der Hervorhebung besonders relevanter Passagen.

Der Fall Rita

In diesem Text findet sich ein Beispiel, das einen inneren Konflikt aufzeigt und eine Möglichkeit, ihn zu bearbeiten. Der Fall Rita ist an zahlreiche Erfahrungen mit Frauen und Paaren, die ich in meiner Arbeit erlebt habe, angelehnt.

Das Prinzip Streit

In diesem Buch werden unterschiedliche Blickwinkel angeboten auf das Ereignis „Konflikt" und auf den häufig daraus entstehenden „Streit". Unterschiedliche Blickwinkel, weil wir mittels Vernunft – also unserer Fähigkeit zu denken – die Möglichkeit haben, etwas neu und anders zu verstehen, wenn wir es aus einer neuen Perspektive betrachten. Es ist notwendig, dass wir uns mit Konflikten befassen, um den Umgang mit ihnen als wichtigen Bestandteil von Demokratien zu erkennen. Demokratie bleibt lebendig im konstruktiven Streiten. Wenn das klar ist, sollten wir dringend unsere Abwehr gegen Konflikte untersuchen. Das bedarf neuer Perspektiven, veränderter Sichtweisen, einer Offenheit für ungewohnte, aber bereichernde Erkenntnisse.

Diese Bewusstseinsarbeit will ich beschreiben. Es geht um die Verbindung von Vernunft mit den eigenen Gefühlen. Konflikte sind immer im Körper spürbar, wenn wir sie spüren wollen. Sie drücken sich in unseren Gefühlen aus, im Denken, in der Sprache und in unserem Verhalten. Dieses Denken führt zu den Wurzeln des Konflikts. An diesen Wurzeln kann nachgefühlt werden, wie es mit dem jeweiligen Konflikt weitergehen soll: Kommt es zu einem Streitgespräch, einer Verhandlung, einer Transformation in Erkenntnisse oder zu einem Abwarten?

Um Konflikte zu bearbeiten, ist es notwendig, sich bewusst mit ihnen zu beschäftigen. Beim Lesen dieser Worte könnte der Gedanke aufkommen, dies sei sowieso selbstverständlich. Also: Warum beschäftigen sich Menschen so selten mit Konflikten, obwohl sie doch häufig darunter leiden? Warum nutzen nur wenige Menschen ihre Gedanken, den Inneren Monolog, um ihre Konflikte besser zu verstehen? Es geht hier um die Beschäftigung mit dem Thema Streit, mit der Absicht, sich des eigenen Streitverhaltens bewusst zu werden. Ich will im historisch-politischen Blick den Zusammenhang von Konfliktverhalten und Demokratie aufzeigen sowie die dringende Notwendigkeit, Streit als soziale Kompetenz zu erkennen und konstruktiv zu nutzen. Wenn sich dieses Bewusstsein erst einmal eröffnet, kann das konstruktive Sprechen und Denken geübt werden. Es handelt sich um eine Sprache, die ohne Gewalt auskommen möchte. Dieses Buch will zeigen, dass Streit als unverzichtbare Kompetenz für das Zusammenleben in einer Demokratie erkannt werden sollte. So wie alle Entwicklung aus der Differenz geschieht, kann konstruktives Streiten als emanzipierter Umgang mit Differenzen verstanden werden. In diesem Sinn ist das konstruktive Streiten eine notwendige soziale Kompetenz im Umgang mit den uns herausfordernden Differenzen, in unserem Bestreben, Demokratie zu leben.

Bevor Sie weiterlesen, halten Sie bitte kurz inne und richten Sie Ihre Aufmerksamkeit nach innen, denken Sie das Wort „Konflikt" und achten Sie darauf, welche Bilder Ihnen dazu in den Sinn kommen. Welche Gefühle kommen auf? Welche Erinnerungen fallen Ihnen ein? Die Wahrscheinlichkeit ist hoch, dass Ihre Gefühle zum Thema Konflikt unerfreulich sind. Das Gleiche – oder noch deutlichere Gefühle – werden Sie wohl im Zusammenhang mit dem Wort ‚Streit' erleben. Sie haben wahrscheinlich selten bereichernde Erlebnisse mit Konflikten erlebt. Ich hoffe, dass dieses Buch einen Beitrag dazu leisten kann, Streit neu und anders, als unverzichtbare Kompetenz im Zusammenleben in einer Demokratie zu erkennen. Wir leben in krisenreichen Zeiten und die noch junge Demokratie braucht dringend eine verantwortungsvolle Beteiligung von Menschen, die streiten können. Streit – im Sinne eines konstruktiven Austausches unterschiedlicher Interessen und Meinungen und gegenseitiger Akzeptanz – ist für die Demokratie eine zentrale soziale Kompetenz.

Streitkraft

Die Worte Streit und Konflikt lösen bei den meisten Menschen unangenehme Gefühle aus. Es geht also darum, die geschichtlichen Wurzeln für diese Abneigung und für das Vermeiden von Konflikten zu erkennen. Menschliche Gesellschaften haben sich seit jeher in strengen Hierarchien entwickelt. Diese Hierarchien hielten sich in patriarchaler Ordnung über Gebote und Strafen aufrecht. Konflikte wurden und werden in diesen Ordnungssystemen mittels Gewalt entschieden. Wer die Macht hatte, traf die Entscheidungen, und das nach einem je eigenen System von Geboten und Strafen. Ein Leben in einer Gesellschaft, die sich nach demokratischen Regeln entwickelt, mit vielen gleichberechtigten Stimmen, ist diesen strengen Hierarchien vorzuziehen. Gerade Frauen waren und sind in allen patriarchalen Ordnungssystemen den patriarchalen Geboten untergeordnet. Eine gleichberechtigte Beteiligung an gesellschaftlichen Entscheidungen, wie sie heute in demokratischen Prozessen erwartet wird, konnten Frauen nicht ausüben, deshalb ist es besonders für Frauen wichtig, konstruktives Streitverhalten zu üben und „Streitkraft" zu entwickeln.

Die Spannung zwischen Widersprüchen nennen wir Konflikt. Es handelt sich um Differenzen zwischen Interessen, Bedürfnissen, Wünschen, zwischen Gegensätzen aller Art. Jede Spannung einander widersprechender Absichten, ob intrapersonal oder interpersonal, ist eine Art von

Energie. Nicht jede solche Spannung kann untersucht und transformiert werden. Jedoch ist wichtig zu erkennen, dass Spannung ein anderer Ausdruck für Energie ist. Konflikte verstehe ich also als Energie, die zwischen Gegensätzen entsteht. Energie ist an sich weder gut noch böse – wichtig ist der Umgang mit der Energie. Der Transformationsprozess kann die Energie konstruktiv oder destruktiv werden lassen. Die Transformation der Konfliktenergie in konstruktives Handeln ist unsere Aufgabe im Streit. Destruktiv wird die Energie, wenn der Konflikt eskaliert, verletzend und zerstörerisch wirkt. Konstruktiv kann die Energie im Streit zu Erkenntnis werden. Dieser Prozess wird ermöglicht, wenn wir uns an bestimmte Regeln konstruktiver Kommunikation halten.

Ich nenne sie hier: „Streitregeln". Diese methodischen Regeln werden in den folgenden Kapiteln von je unterschiedlichen Blickwinkeln her beschrieben. Die Wiederholungen sind beabsichtigt, um zu zeigen, dass es sich um drei Grundregeln handelt, die immer wieder Beachtung beanspruchen. Das Arbeiten mit Wiederholungen ist ein Grundprinzip meiner Arbeit, denn die wiederholte Darlegung von Phänomenen aus verschiedenen Perspektiven führt dazu, dass sich Inhalte verfestigen.

1. Bildung eines Bewusstseins für die eigenen Bedürfnisse, Ausdruck dieser Bedürfnisse in positive Formulierungen, Meiden negativer Formulierungen
2. Aktives Zuhören, Wahrnehmen der unterschiedlichen Positionen, Empathie
3. Unterscheidung zwischen Konflikt und persönlicher Betroffenheit

Nach diesen Regeln zu streiten, ist wie in einer anderen Sprache zu sprechen – und einander zu erkennen.

Diese Streitregeln werden noch genauer besprochen. Doch zunächst zu der Frage: „Warum Streit?"

Warum Streit?

Viele Menschen, mit denen ich im Rahmen meiner Arbeit über Konflikte und über das Streiten gesprochen habe, vermeiden den Streit. Einige glauben, es sei möglich, Konflikte einfach verschwinden zu lassen. Sie weichen den Konflikten aus, die sich ereignen. Ihre schlechten Erfahrungen mit Streitsituationen bestätigen ihre innere Haltung, Streit führe zu ebensolchen schlechten Erfahrungen. Es handelt sich um eine „Sich-selbst-erfüllende-Prophezeiung". Wer den Streit mit der inneren Haltung beginnt, dabei würden Verletzungen, Kränkungen und Enttäuschungen entstehen, wird auch Verletzungen, Kränkungen und Enttäuschungen erleben, weil die Konfliktenergie nicht konstruktiv behandelt wird, sondern destruktiv. Im destruktiven Streit werden die Begleiterscheinungen von Konfliktsituationen beispielsweise als Mangel, Verlust oder Kränkung definiert, mit Schuld in unterschiedlichen Formen aufgeladen – und als Bedrohung gemieden.

Im Gegensatz dazu gelingt konstruktives Streiten mittels klarer Kommunikation. Das reflektierende Denken wird in Anspruch genommen, Gefühle unterstützen den Prozess des bewussten Verstehens. Diese konstruktive Transformation der Konfliktenergie führt zu aufbauenden Erkenntnissen und unterstützt einen Verstehensprozess. Vorwürfe, Schuldzuweisungen, Kränkungen, Drohungen, Beschimpfungen – all diese Gefühle, Gedanken, Worte und Taten bestätigen ja, wovon die Konfliktparteien oft bereits ausgegangen waren: dass Konflikte bedrohlich und deshalb zu meiden seien.

Ich versuche mit diesem Text das Gegenteil zu erreichen. Wer die Methoden und inneren Techniken des konstruktiven Streitens begreift, übt und anwendet, kann erleben, wie aus Spannungen und Irritationen bereichernde Erkenntnisse werden. Wer nach einem Konflikt besser versteht, um welche Bedürfnisse es hinter den Streitthemen eigentlich geht, beginnt sich über Konflikte zu freuen, denn sie haben viel Potential für bereichernde Bewusstseinsprozesse. Es geht also um die Untersuchung der unterschiedlichen Sichtweisen, die in einem Konflikt eingenommen werden können. Entscheidend für die hier notwendige innere Haltung ist die Bereitschaft, neugierig und ohne vorschnelle Bewertungen zu sein. Streit verlangt nach bewusster Beschäftigung mit dem Prozess der Transformation von Konfliktenergie, wenn daraus Erkenntnisse entstehen sollen.

Um zu verstehen, warum Konflikte oft destruktiv gehandhabt werden, hilft eine historisch-politische Einordnung: In monotheistischen Religionen wird seit vielen Jahrhunderten die spezifische Ordnung von Macht und Ohnmacht als eine von Gott bestimmte Ordnung angenommen. Verwaltet wurde Gottes Wille von eigens auserkorenen Männern. Sie bestimmten, dass Frauen, Männer und Kinder auf den ihnen zugewiesenen Plätzen den ihnen jeweils vorbestimmten Aufgaben zu entsprechen hatten. Frauen waren und sind Männern in allen Schichten und Klassen untergeordnet, oft sogar rechtlos. In diesen festgefügten, streng hierarchischen Ordnungssystemen war und ist es nicht ratsam zu streiten. Gebote und Gesetze wurden oft willkürlich von den Machthabern, Männern, bestimmt. Strafen waren abhängig von den Launen der Mächtigen. Sie waren im Besitz der Entscheidungsgewalt über Gut und Böse. Gewalt war das Prinzip ihres Handelns. Gewalt war auch die Antwort auf Widerstand und Widerspruch. Unsere Vorfahren, Frauen wie Männer, mussten sich den streng hierarchischen Regeln unterordnen. Eine Generation reicht der nächsten diese Ordnungssysteme weiter. Menschen übernehmen die Ordnungssysteme der Lebenskultur, in der sie als Kleinkinder aufwachsen. Sie übernehmen sie zu einer Lebenszeit, in der ihnen noch nicht bewusst ist, dass sie etwas lernen. Deshalb ist es auch so schwer, diese Kompetenzen zu verlernen, wenn eigene Erkenntnisse das später nahelegen. Kleinkinder übernehmen das Verhalten, die Kultur ihrer familiären Gruppe. Wenn Worte und Taten nicht übereinstimmen, orientieren sich Kinder an den Taten.

Früh gefestigte Gewohnheiten und Meinungen sind nicht leicht zu verändern. Um Streitverhalten wirksam zu transformieren, sollten Streitgewohnheiten zunächst bewusst beobachtet und verstanden werden. Das ist der erste Schritt hin zu Veränderung. Das eigene Streitverhalten soll aus unterschiedlichen Blickwinkeln bewusst wahrgenommen werden.

Ist das Konfliktverhalten hauptsächlich geprägt von den beschriebenen streng hierarchischen Ordnungssystemen, die meist nicht bewusst ablaufen? Es ist notwendig, die Kompetenz zu entwickeln, das eigene Verhalten und eigene Meinungen zu reflektieren, wenn es darum gehen soll, dieses Verhalten oder die Meinung zu ändern. Wir haben unser Streitverhalten von den Menschen um uns herum in den ersten Lebensjahren übernommen. Von Generation zu

Generation wird das Verhalten weitergegeben, meist ohne bewusst reflektiert zu werden. Die wüsten Zerstörungen des 20. Jahrhunderts lösten jahrhundertealte feudale Strukturen ab. Dem Faschismus, der mittels totalitärer Gewalt und mordend alte Strukturen zerstörte, folgte schließlich eine parlamentarische Demokratie. Für die Beantwortung der Frage, wie heute in Demokratien mit Konflikt umgegangen wird, ist es also von Relevanz, zu hinterfragen, in welchem Zustand sich die jeweilige Gesellschaft befunden hat, bevor die Demokratie eingeführt wurde.

Demokratie als Streitlabor

Das Konfliktverhalten in Österreich zur Zeit des Nationalsozialismus war geprägt von einer „Untertanen-Mentalität". Der Untertan führt aus, was ihm oder ihr aufgetragen wird, ohne sein Handeln weiter zu hinterfragen. Soweit der Blick reicht, existierten Untertanen in strengen Hierarchien. Am 8. Mai 1945, mit Kriegsende und damit auch dem Ende des Dritten Reiches, wurde erklärt, dass das Leben nun (wieder) in einer Demokratie zu organisieren sei. Alle Menschen erhielten formal gleiche Rechte und auf den Rechtsstaat sollte Verlass sein. Für Demokratien ist es allerdings unverzichtbar, auch das Konfliktverhalten zu demokratisieren. Schließlich gelten unterschiedliche politische Meinungen in Demokratien – zumindest in der Theorie – als gleichberechtigt. Alle Bürger und Bürgerinnen sind eingeladen, die notwendigen Entscheidungen gemeinsam zu erarbeiten. Das ist das Wesen der Demokratie. Neben den Regierenden spielt auch die Opposition eine wichtige Rolle in der parlamentarischen Demokratie. Parlamentarismus braucht das Streitgespräch, Zusammenhänge und Widersprüche müssen diskutiert werden. Im Prozess des Diskurses soll transparent werden, wer welche Interessen vertritt. Es geht um die Aufgabe, unterschiedliches gesellschaftspolitisches Verhalten als gleichberechtigt anzuerkennen. Die Verfassung legt dazu die Rahmenbedingungen fest.

Die Veränderungen der Lebensbedingungen im Nationalsozialismus, vom politischen Handeln im Faschismus zur parlamentarischen Demokratie, verlangen nach tiefgreifenden persönlichen Auseinandersetzungen. Wann haben wir gelernt, unterschiedliche Interessen als gleichberechtigt gelten zu lassen? Wann haben Frauen und Männer gelernt, dass ihre unterschiedlichen Bedürfnisse und Meinungen gleichwertig und gleichberechtigt wären? Wann haben wir gelernt über Meinungsverschiedenheiten zu diskutieren, zu streiten?

Die herausfordernde Aufgabe einer neuen demokratischen Streitkultur besteht zum Beispiel in der Arbeit an tief verwurzelten Meinungen zur männlichen Überlegenheit. Wir können die einzelnen Schritte zur Entwicklung einer konstruktiven Streitkultur auch am Beispiel der gleichberechtigten Begegnung der Geschlechter beschreiben. Es kann jedenfalls davon ausgegangen werden, dass die unangenehmen Gefühle, die im Zusammenhang mit den Begriffen Streit und Konflikt entstehen, aus diesen geschichtlichen Wurzeln entstanden sind.

Die erste notwendige Erkenntnis für einen anderen, einen bewusst offenen Umgang mit Konflikten, entwickelt sich über diesen politisch-historischen Blick. Die Abwehrhaltung zu Konflikten wird verständlich, wenn wir erkennen, dass Streit und Gewalt miteinander verbunden waren – und häufig immer noch sind. Die Unfähigkeit zu streiten, ist demokratiepolitisch zerstörerisch. Polarisierungen und gegenseitige Abwertungen machen deutlich, dass das Konfliktverhalten noch weit entfernt von einem wünschenswerten demokratischen Miteinander ist und sich im Gegeneinander aufhält. Das Bewusstsein darüber fehlt noch oft. Diese Erkenntnis ist jedoch entscheidend. Sie wird nämlich die Grundlage für den nächsten Schritt sein, für die Beschäftigung mit dem Thema Konflikt.

Zwischenspiel: Menschenrechte

Am 10. Dezember 1948 wurde die Allgemeine Erklärung der Menschenrechte von der Generalversammlung der Vereinten Nationen in Paris verabschiedet. Damals waren 56 Staaten Mitglieder in den Vereinten Nationen. Davon stimmten 48 für diese Erklärung zur Definition und Beschreibung der Allgemeinen Menschenrechte, 8 enthielten sich. Es gab keine Gegenstimmen. In 30 Artikeln wurden die grundlegenden Rechte eines jeden Menschen formuliert, mit dem zentralen Grundsatz, diese definierten Menschenrechte seien angeboren, unveräußerlich, universell und unteilbar. Die Allgemeine Erklärung der Menschenrechte ist eine rechtlich nicht bindende Resolution der Generalversammlung der Vereinten Nationen. Diese Resolution beschreibt ein Ideal. Und die Völker der Vereinten Nationen verpflichteten sich, auf dieses Ideal hinzuwirken. Nach den entsetzlichen Grausamkeiten der Verbrechen des Holocaust, der beiden Weltkriege, der menschenverachtenden Diktaturen und feudalen Gesellschaftsstrukturen sollte ein gemeinsames Verständnis der Rechte und Freiheiten aller Menschen bekräftigt, bezeugt und beschlossen werden. Es ist davon auszugehen, dass die 56 abstimmenden Personen wussten, dass diese Resolution fern der Realität eine Utopie beschrieb, vielleicht ein Ziel, eine Hoffnung? Was haben die unterzeichnenden Repräsentanten, Frauen und Männer, damals in der Sitzung der Vereinten Nationen gedacht? Was gefühlt? Inwiefern hatte das Thema mit ihren persönlichen Verhältnissen zu tun? Konnten die Unterzeichnenden davon ausgehen, dass die Menschen in ihren Heimatländern über jeweils gleiche Rechte verfügten? Diese Gleichheit galt weder damals noch gilt sie heute. So etwa bezeugen Alltagserfahrungen immer wieder, dass männlich dominierte, hierarchische Bewertungen und Abwertungen von Frauen existieren. Frauen sind gesellschaftlich immer noch untergeordnet. Jedes Jahr zum Frauentag am 8. März sind politische Erklärungen für beabsichtigte Maßnahmen zur Gleichstellung von Frauen und Männern zu hören. Es sind immer wieder die gleichen Botschaften. Warum gelingt aber die politische Umsetzung nicht?

Es gab und gibt immer wieder Frauen, die selbstbewusst in der Öffentlichkeit auftreten. Meistens werden diese Frauen als kleine Mädchen bereits gefördert und lernen, ihre Bedürfnisse zu benennen. Das ist wohl eine der entscheidenden Kompetenzen, die eigenen Bedürfnisse, Interessen, Wünsche in Worte fassen zu können. Das heißt keineswegs, dass mit dem Benennen auch der Anspruch einhergeht, dass die eigenen Bedürfnisse erfüllt werden. Der Prozess des Benennens öffnet den Eingang in die Kultur des Bewusstseins, der konstruktiven Konfliktkultur.

Eleanor Roosevelt

Einzelne Frauen zeigen immer wieder, dass sie in einer von Männern dominierten Welt ihre Stimme erheben und etwas zu sagen haben. Ein Beispiel ist Eleanor Roosevelt, die mehr sein wollte als „nur" die Ehefrau von Franklin Roosevelt, des Präsidenten der Vereinigten Staaten von Amerika. Mit Vorträgen, verschiedenen sozialpolitischen Veröffentlichungen und mit Engagement für Bildungsangebote für Mädchen unterstützte sie den sozialen Feminismus. Dies war eine Bewegung in den USA, die die Emanzipation von Frauen unterstützte. Eleanor Roosevelt setzte sich nicht nur für die Gleichberechtigung von Frauen (Equal Rights Amendement, 1923), sondern auch gegen die Rassentrennung ein und für die Rechte der afroamerikanischen Bevölkerung. 1945, nach dem Tod ihres Mannes, wurde sie Botschafterin der USA zu den Vereinten Nationen. Sie übernahm die Aufgabe gemeinsam mit 7 anderen Botschaftern zu den UN und erarbeitete gemeinsam mit ihnen die „Erklärung der Allgemeinen Menschenrechte". Die Kommission arbeitete an dieser Herausforderung intensiv, um die wirklich grundlegenden unveräußerlichen Rechte und Pflichten zu benennen, die allen Menschen aus Achtung vor dem Leben zustünden. Zugleich musste allen Kommissionsmitgliedern klar gewesen sein, dass die politische Realität nur wenigen Menschen tatsächlich erlaubte, diese Rechte zu beanspruchen, da sie in den von Kolonialmächten eroberten Gebieten für die jeweilige indigene Bevölkerung nicht galten, da auch die Sklaverei noch nicht vollkommen überwunden war und da Frauen weltweit mehr oder weniger juristisch rechtlos waren. Die Erklärung der Allgemeinen Menschenrechte ist ein gutes Beispiel für konstruktives Konfliktverhalten. Eleanor Roosevelt – und die gesamte Kommission – war sich darüber im Klaren, dass ihr Arbeitseinsatz ein sehr fernes Ziel anstrebte. Sie wusste, dass im Hier und Jetzt diesen erklärten Menschenrechten weltweit zuwidergehandelt wurde. Zum allgemeinen und persönlichen Nutzen einiger und zum Schaden vieler. Von inneren Konflikten wird gesprochen, wenn unsere Worte nicht mit der Lebenswirklichkeit übereinstimmen, wenn bestimmte Vorstellungen nicht der gelebten Realität entsprechen. Jeder Mensch hat innere Konflikte. Wie Menschen damit umgehen, ist beispielhaft dafür, wie wir mit Konflikten mit anderen Personen umgehen. Ich werde darauf an anderer Stelle näher eingehen. Hier nur so viel: Eleanor Roosevelt setzte sich als engagierte Kämpferin für die Menschenrechte weltweit ein. Sie nutzte ihre privilegierte Stellung und ihr politisches Können für soziale Aufgaben, gegen Rassendiskriminierung, für die Rechte von Frauen und für zahlreiche soziale Projekte. Sie war die „First Lady der Menschenrechte" und soll hier beispielhaft für einen vorbildlichen Umgang mit Konflikten in einer Demokratie stehen.

(Innere) Konflikte

Die Spannung zwischen gegensätzlichen Verhaltensweisen, Bedürfnissen, Interessen nennen wir Konflikt. Wenn unser Verhalten von einander widersprechenden Absichten, Interessen, Bedürfnissen bestimmt wird und innere Spannungen sich daraus entwickeln, sprechen wir von „inneren Konflikten". Das widersprüchliche Verhalten, ob innerhalb einer Person oder zwischen Personen oder Gruppen ist immer – bewusst oder unbewusst – Ausdruck einander widersprechender Bedürfnisse. Zwischen diesen Gegensätzen entsteht die Spannung, die auf zugrunde liegende Gefühle, Wünsche, Ängste oder Verletzungen verweist. Das Wort „Spannung" kann durch den Begriff „Energie" ersetzt werden. Die Spannung, die zwischen Widersprüchen entsteht, ist Energie.

Die konstruktiven Wirkungen von energetischen Prozessen werden durch Anwendung von Regeln und Methoden der konstruktiven Kommunikation erreicht, auf die im Text noch genauer eingegangen wird. Im Gegensatz dazu entwickeln sich Konflikte destruktiv, wenn die innere Abwehr das Scheitern von vorneherein garantiert ist. Deshalb ist es notwendig (inneren) Konflikten mit persönlichem Abstand zu den Spannungen zu begegnen und somit einen Sichtwechsel zu bewirken. Dieser Abstand ermöglicht eine andere Sichtweise. Persönliche Betroffenheit wird somit minimiert.

Wichtig ist, sich bewusst zu sein, dass die Entwicklung alles Lebendigen aus der Spannung zwischen Differenzen entsteht. Die Differenz zwischen Widersprüchen ist die Grundvoraussetzung alles Entstehenden. Konflikte sind Ereignisse des Lebendigen im Prozess der Entwicklung. Von Heraklit kennen wir die Beschreibung, dass alles Werden, alles Neue aus dem Streit der Gegensätze entsteht. „Der Krieg ist der Vater aller Dinge und der König aller. Die einen macht er zu Göttern, die anderen zu Menschen, die einen zu Sklaven, die anderen zu Freien". Der Krieg, oder verwenden wir den Begriff „Streit", – der Streit lässt aus dem Auseinanderstrebenden, Widersprüchlichen, das Neue entstehen. Diese Sichtweise ermöglicht es, von der persönlichen Betroffenheit abzusehen und in der so entstehenden Distanz das Allgemeine zu erkennen. Im vorigen Kapitel hatte ich beschrieben, wie die allgemein verbreitete innere Abwehr zum ‚Konflikt an sich' aus historisch überlieferten Gewaltstrukturen verständlich wird. Es geht aber auch darum, das Konfliktgeschehen theoretisch zu begreifen. Diese beiden Ansätze halte ich für wichtige Voraussetzungen, um sich mit der eigenen Haltung zum Thema Konflikt auseinanderzusetzen und möglicherweise eine andere Haltung zu entwickeln, aus der die innere Bereitschaft erwachsen kann, die Methoden für ein konstruktives Streiten zu erlernen.

Zwischenspiel: Gruppenübung

Eine kleine Gruppe, 9 Personen, werden sich in einem Seminar mit den Regeln und Methoden konstruktiver Kommunikation beschäftigen. Sie wollen lernen, miteinander zu streiten, ohne sich selbst oder andere zu verletzen. Die Seminarleiterin beginnt mit einer kleinen Übung und lädt die Teilnehmenden ein, ihre inneren Bilder und Gefühle beim Denken des Wortes ‚Konflikt' zu zeichnen. Farben und Papier werden zur Verfügung gestellt und sie beginnen zu zeichnen. Sobald alle fertig sind, werden sie eingeladen, ihre Zeichnungen zu beschreiben, zu erklären, welche Gefühle, welche Gedanken sie mit ihrer Zeichnung darstellen wollten, – und an welche Erlebnisse im Zusammenhang mit diesen Themen sie sich erinnern. Abschließend fordert die Seminarleiterin sie auf, die Zeichnungen zu zerreißen. Alle folgen der Aufforderung und zerreißen ihre Zeichnung. Dann fragt die Seminarleitung nach dem Grund für ihr Handeln. Die Teilnehmenden antworten, dass sie es getan hätten, weil sie dazu aufgefordert wurden. Einige erahnen nun bereits, dass sie mit dieser Übung auf ihren eigenen Gehorsam verwiesen wurden. Der „Untertanengeist" fragt nicht nach dem Sinn und der moralischen Bedeutung, sondern befolgt die Anordnung. Mithilfe dieses Einstiegs konnte eine unverzichtbare Erkenntnis diskutiert werden: Gehorsam im Konfliktverhalten ist bewusst oder unbewusst mit einer strengen Hierarchie verbunden. So wird ein positiver Zugang zum Konflikt verhindert. Es geht also darum, sich dieser ‚historischen' Verbindungen bewusst zu werden und sie möglichst zu überwinden.

Streit als soziale Kompetenz

Die Förderung der Konfliktfähigkeit als demokratiepolitische soziale Kompetenz wurde im Laufe der politischen Entwicklungen in der zweiten Hälfte des 20. Jahrhunderts als notwendig erkannt, um den sich schnell entwickelnden gesellschaftlichen Strukturen entsprechende Methoden anzubieten. Die Übungen zu „Konstruktiver Kommunikation" wurden zu dieser Zeit entwickelt, als erlernbare Kompetenzen zur Verhandlungsführung, zur De-Eskalation in Konfliktsituationen und zur aktiven konstruktiven Transformation von Spannungen. In den 1960er Jahren waren demokratiepolitische Sozialwissenschaften in den USA führend. Akademische Forschungen der Sozial- und Kommunikationswissenschaften machten deutlich, dass die Demokratie notwendige Veränderungen bis in die subtilsten Details des allgemeinen menschlichen Miteinanders erforderlich macht.

Zwei Institute waren hier führend. In Denver (Colorado, USA) entwickelten Marshall Rosenberg und sein Team die sogenannte „Gewaltfreie Kommunikation". Es handelt sich dabei um gut verständliche Tiersymbole für jeweils unterschiedliche Kommunikationsstile, um Gefühle und Bedürfnisse auszudrücken. Das Grundmuster dieser „Gewaltfreien Kommunikation" steckt in den verschiedenen Anleitungen und Methoden zu konstruktivem Konfliktverhalten, wie es heute weltweit gelehrt wird. Der Name „Gewaltfrei" führt immer wieder zu Diskussionen, weil auf Gewalt verwiesen wird, um sie zu überwinden. Dass unsere Sprachen zwar über zahlreiche Begriffe für Gewalt aller Art verfügen, wir aber das Gegenteil von Gewalt kaum positiv benennen können, ist ein deutlicher Verweis auf die Bedeutung von Gewalt in unserer Kultur.

Der andere Ort der Entwicklung konstruktiver Kommunikation für Konfliktdiskurse war und ist weiterhin die Universität Harvard, USA. Roger Fisher und sein Team am Institut für Wirtschaftswissenschaft erarbeiteten Material für die Vorbereitung auf konfliktreiche Verhandlungen, „Getting to Yes", in denen es darum geht, das Gemeinsame unterschiedlicher Interessen herauszuarbeiten. Auch hier sollen Gefühle und Bedürfnisse bewusst gemacht werden. Im Buch „Beyond Reason" (Fischer und Shapiro) wird auf die Bedeutung der Gefühle für den Umgang mit Konflikten hingewiesen. um sie in einer Verhandlung ernst zu nehmen. Diese beiden akademischen Forschungen sind die Keimzellen unserer weltweit sich verbreitenden Methoden der konstruktiven Kommunikation. Und sie sind in meinen Arbeiten selbstverständlich als Basis enthalten.

Diese Methoden wurden also entwickelt in Anbetracht der sozialpolitischen Herausforderungen im Wandel von ehemals feudalen zu demokratischen Gesellschaften. Von technologischen Entwicklungen angetrieben, wurden die traditionellen Hierarchien radikalen Veränderungen ausgesetzt. Seit der sogenannten „Kopernikanischen Wende" hatte sich die zuvor so behauptete „von Gott gewollte" Ordnung nicht mehr als tragfähig erwiesen. Heftigste Widerstände der Mächtigen mussten überwunden werden. Wir erkennen die destruktiven Ergebnisse des Scheiterns in den Konflikten, die mit den politischen Veränderungen einhergehen.

Seit jeher wurden Widersprüche, Konflikte und Streit mittels Gewalt entschieden. Gewaltfrei mit Konflikten umzugehen, erfordert neue Kompetenzen. In unserem allgemeinen Bildungsangebot fehlen bisher Lernimpulse für konstruktives Konfliktverhalten und entsprechende Kommunikation. Aber innovative Technologien, die rasend schnell neue Methoden der industriellen Fertigung und wissenschaftliche Entwicklungen präsentieren, verlangen und erfordern diese anderen sozialen Kompetenzen. Sie werden zu Grundlagen für unaufhaltsame soziale und politische Veränderungen. Alle gesellschaftlichen Bereiche sind davon betroffen. Gewaltfrei sollen die Entwicklungen möglich werden. Das ist jedenfalls der Anspruch. Der Bruch mit den Traditionen verlangt nach einem neuen Denken. Die scheinbar unerschütterliche Ordnung jahrhundertelang „sicher" geglaubter hierarchischer Strukturen kann hinterfragt werden, kann zu neuen Erkenntnissen und neuen politischen Strukturen führen.

Es geht um unterschiedliche Meinungen, Interessen und Unternehmungen, die im Widerspruch zueinander stehen und doch zu gemeinsamen Entscheidungen und gemeinsamem Handeln führen müssen. Es geht um ein Denken, das Widersprüche aushält. Es geht um die Überwindung des angeblich ewig geltenden Eindeutigen. Es geht um die Fähigkeit, Gegensätze und Spannungen auszuhalten. Auszuhalten und bewusst halten zu können. Erkenntnis als Kultur des Bewusstseins, Konflikte nicht als Bedrohung, sondern als Potential für Entwicklung zu verstehen. Es geht um die nach innen gerichtete Reflexion nach der Überwindung der absoluten Ordnung außen. Das ist die zentrale Herausforderung der Demokratie. Das ist die politische Grundlage für die Entwicklung von konstruktiver Konfliktkultur. Psychoanalyse, Quantenphysik und Friedenswissenschaft fordern uns zu radikalem Denken auf, zur Erweiterung unserer Vorstellungen. Konstruktive Konfliktkultur verlangt danach, Gewissheiten in Frage zu stellen. Es geht um nicht weniger als um die Überwindung des vermeintlich Eindeutigen. Bewusstsein kann als bisher höchste Evolutionsstufe in der Evolution des Geistigen verstanden werden. Wenn dieses Denken gelingt, bewirkt es Veränderungen in der Wahrnehmung von Konflikten.

Zwischenspiel: Bewusstseinskultur

Die je eigene Lebenskonstruktion wird im Konfliktverhalten sichtbar. Ist also das Konfliktverhalten persönlich zu beeinflussen? Ja, Konfliktkultur handelt von der Kunst, sich selbst zu entdecken, sich zu erkennen und das für sich Vorstellbare zu erweitern. Je mehr in diesem Prozess bewusst wird, desto deutlicher wird auch die subjektive Verantwortung. Die Geschichte der Emanzipation verhandelt einen Prozess von Konflikten und kein Ende.

Ein zentrales Thema der Emanzipation sind innere Konflikte. Häufig führen sie zu verletzenden Auseinandersetzungen. Als Beispiel für die notwendige bewusste konstruktive Auseinandersetzung im persönlichen Reflexionsprozess soll hier das Thema „Kinderwunsch" verhandelt werden.

Es handelt sich um eine der großen Fragen im Leben von Frauen (und Männern), ob und wie Wünsche nach Mutterschaft mit beruflichen Entwicklungen vereinbart werden könnten. Mehrere einander widersprechende Vorstellungen, Lebenspläne, Bedürfnisse und Interessen bilden Knoten von schier unentwirrbaren Verbindungen. Viele kennen sicher die Geschichte von „Alexander dem Großen", der den gordischen Knoten entwirrte, indem er diesen mit seinem Schwert zerschlug. Gewalt wird hier wieder als heldenhaft dargestellt.

In unseren Leben können wir diese Knoten nicht zerschlagen. Im Inneren Monolog und in Entscheidungen, die unseren Möglichkeiten entsprechen, sind wir aufgefordert, uns diesen großen Fragen zu stellen. Leider werden in solchen Konfliktsituationen allzu oft Entscheidungen ohne tiefgehenden Erkenntnisprozess getroffen. Viel zu oft beeinflusst ein zentrales Motiv die Entscheidungen zu den großen Lebensfragen, nämlich sich danach richtend, was andere darüber denken, wie andere die jeweiligen Entscheidungen beurteilen würden. Die Eltern, die Familie, der Freundeskreis, die Nachbarn und deren Erwartungen sind allzu oft ausschlaggebend für die persönlichen Lebenspläne. So wird der Konflikt in seinem Potential nicht erkannt und kann nicht zu persönlichem Verstehen, zu persönlicher Entwicklung genutzt werden.

Mehrere einander widersprechende Wünsche, Pläne, Hoffnungen bilden innere Hindernisse und Denkhemmungen. Angst und Unsicherheit begleiten diese Themen. Gesellschaftliche Rollenzuschreibungen und Werte sind in unseren Verhaltensregeln bis zur Unkenntlichkeit eingetragen. Persönliche Erfahrungen und Vorstellungen der uns nahestehenden Familienmitglieder und Freundinnen werden zu Argumenten. Alle diese Faktoren bilden und beeinflussen unsere Meinung in Gesprächen zum Thema Kinder und/oder Beruf und womöglich Karriere. Auch unsere geheimen Vorstellungen vom richtigen Leben werden so geformt. Die Menschen in unserer unmittelbaren Nähe haben bewusst oder unbewusst ebenfalls innere Konflikte, die diese Themen betreffen, und sie beeinflussen unser diesbezügliches Tun und Lassen. Wir werden von unseren eigenen Bedürfnissen sowie von denen der Menschen um uns herum bestimmt, oft ohne dass uns das wirklich bewusst wäre.

So lange ein zentraler Konflikt nicht bewusst als solcher wahrgenommen, ernstgenommen und konstruktiv bearbeitet wird, kann die Konfliktenergie nicht nutzbar als Erkenntnisgewinn geltend werden. Die allgemein verbreitete Scheu vor Konflikten verhindert eine gründliche Untersuchung der eigentlichen Wurzeln der Spannungen. Im Inneren Selbstgespräch, Innerer Monolog genannt, werden Wünsche, Werturteile, Befürchtungen und häufig ein ungeordnetes Durcheinander von Gefühlen und Gedanken angesprochen.

Der Innere Monolog spielt eine wichtige Rolle im konstruktiven Konfliktgeschehen. Später werde ich darauf noch in genauer Beschreibung zurückkommen. Entscheidend ist hier, dass es notwendig ist, den Konflikt tatsächlich als Konflikt zu erkennen und zu benennen. Dieses Übersetzen der Gefühle und der spürbaren Spannungen in Sprache ist eine entscheidende Voraussetzung, um die Wurzeln des inneren Konflikts mit den Methoden der konstruktiven Kommunikation freizulegen.

Das mag banal klingen, ist deshalb aber nicht weniger wahr. Erst wenn ich mir im Klaren darüber bin, dass es sich um einen inneren Konflikt handelt, schaffe ich die Voraussetzung zur Konfliktanalyse. Wie bereits beschrieben, sind oft innere Hemmungen zu überwinden, um die einander widersprechenden Meinungen im eigenen Inneren als Konflikt oder als Streitgespräch zu erkennen.

Einen wesentlichen Beitrag zur Klärung dieser Frage leistet die Entwicklung einer „Kultur des Bewusstseins". Der von Thomas Metzinger geprägte Begriff definiert ein neues Verständnis für das, was als konkretes Handeln auftritt. Alles, was im Geist vor sich geht, wird ebenfalls als Handeln erkannt und wird der Verantwortung des Bewusstseins zugeordnet. Wir sind aufgerufen, uns für unseren geistigen Zustand verantwortlich zu erkennen und uns diesen

Konflikten zu stellen. Es geht ja um die allgemeine Frage, aus welchem Grund und wozu sich menschliches Bewusstsein entwickelt hat? Welche Aufgaben hat die evolutionäre Entwicklung des Bewusstseins als geistiger Zustand und als Handlung vorgesehen?

Zum Beispiel Rita

Rita ist Floristin und arbeitet in einem Blumengeschäft in der Stadt. Vor Kurzem hat sie ihren 27. Geburtstag gefeiert, bei dem es zu einem heftigen Streit mit Simon kam, ihrem Partner, mit dem sie seit bald einem Jahr zusammenlebt. Rita ist in einer Kleinstadt aufgewachsen, in idyllischer Landschaft. Sie hat eine um zwei Jahre jüngere Schwester, Charlotte. Der Vater arbeitet bei der Eisenbahn. Die Mutter war immer zu Hause. Die Großmutter lebt mit der Familie in einem Haus mit Garten am Rand des Städtchens. Die beiden Mädchen haben als Kinder oft gestritten. Das war den Eltern nicht recht, besonders der Vater wurde dann oft laut. Er wollte seine Ruhe, wenn er müde von der Arbeit nach Hause kam. Die Mutter beschwichtigte ihn dann. Aber auch sie wollte keinen Streit im Haus und verlangte von Rita, der Älteren, vernünftig zu sein und nachzugeben. Die Großmutter verbündete sich oft mit Charlotte, der jüngeren Tochter. Rita fühlte sich dann mit ihrem Kummer allein gelassen. Zwischen den Eltern und der Großmutter gab es immer wieder wortlosen Streit. Es wurde dann oft über Tage nicht miteinander gesprochen. Irgendwann kehrte der Alltag wieder ein. Nie wurde im Nachhinein über den Grund des Streits gesprochen. Rita machte eine Lehre als Floristin und Gartengestalterin. Sie hatte für ihre Liebe zu Blumen den idealen Beruf gefunden. Nach erfolgreichem Abschluss der Lehre fand sie eine Stelle in einem großen Blumenladen in der Stadt und eine kleine Wohnung in der

Nähe. Sie träumte von einem eigenen Geschäft, in dem sie ihre fantasievollen Ideen verwirklichen könnte.

Vor zwei Jahren verliebte sie sich in Simon. Er war zwar zu der Zeit sehr gefordert im Studium der Informatik, aber die Beziehung wurde für beide rasch zu einer intensiven Verbindung. Simon war in der Stadtrandsiedlung aufgewachsen, als Einzelkind mit seiner alleinerziehenden Mutter. Die Mutter war als Leiterin einer internationalen NGO oft bis spät abends beschäftigt und verreiste häufig. Simon war schon früh selbstständig geworden, war im Haushalt für vieles verantwortlich. Die Mutter konnte sich auf ihn verlassen. Sie war auch Rita stets freundlich zugewandt. Rita schätzte Simons unkomplizierte und sichere Art und freute sich, als er den Vorschlag machte, zusammenzuziehen.

Ritas Geburtstag wurde an einem Sonntag im Juni gefeiert. Da Ritas und Simons Wohnung sehr klein ist und keinen Garten hat, fand die Feier bei ihrer besten Freundin Veronika statt, die ein Haus mit Garten besitzt. Ritas Eltern und die Großmutter, Ritas Schwester Charlotte und zwei von Ritas Freundinnen kamen, eine davon kam mit ihrem Partner und einem knapp zweijährigen Buben. Simon kam mit seiner Mutter. Es wurde gegessen und getrunken, die Stimmung war ausgelassen. Plötzlich hatte Charlotte eine starke Blutung und gestand der Familie ihre Schwangerschaft. Sie wurde mit der Rettung ins Krankenhaus gebracht. Die Mutter begleitete sie. Der Vater und die Großmutter waren wie versteinert und machten sich auf den Heimweg. Die Feierstimmung wurde zur nachdenklichen Stille. Einzig der kleine Bub schien unbeeindruckt, brabbelte vor sich hin beim Spiel mit seinem Lastauto und half damit über das Schweigen hinweg. Alle waren mit ihren eigenen Gedanken beschäftigt. Dann wurde aufgeräumt und eingepackt. Simon begleitete seine Mutter nach Hause und kehrte anschließend rasch zurück. Rita und er machten sich auf den Heimweg, schweigend, Hand in Hand.

Zu Hause angekommen lief Rita ins Schlafzimmer, warf sich auf das Bett und fing an zu weinen. Sie konnte nicht sprechen. Simon versuchte sie zu trösten und Verständnis zu zeigen. „Lass mich in Ruh! Geh weg!". Nach längerem erfolglosem Bemühen ging er. Als er später wieder zurückkehrte, empfing sie ihn mit Vorwürfen. Noch nie hatte er sie so erlebt. Er verteidigte sich, aber das half nicht. Sie stellte die Beziehung insgesamt in Frage. Er wollte danach nur noch in Ruhe gelassen werden. Sie konnte jedoch nicht aufhören, ihm Vorwürfe zu machen. Irgendwann waren ihre Kräfte aufgebraucht und sie konnten beide einschlafen. Am nächsten Tag gingen sie vorsichtig miteinander um, redeten nicht über das am Vortag Vorgefallene und organisierten wieder ihren alltäglichen Rhythmus. Weder Rita noch Simon wussten, was diesen heftigen Streit ausgelöst haben mochte. Gab es zwischen ihnen ein ernstes Problem?

Es handelt sich hier um einen inneren Konflikt. Die Analyse des Konflikts führt zum Thema Vereinbarkeit von Familie und Beruf. Mit diesem Thema, von Charlotte ausgelöst, war ein unausgesprochener innerer Konflikt von Rita angestoßen worden. Wie sollte sie ihren Herzenswunsch nach einem schönen eigenen Blumenladen mit ihrem Kinderwunsch vereinbaren? Wie sollte sie eine gute Mutter sein und den Traum vom eigenen Blumenladen realisieren? In ihrem Inneren Monolog hörte sie die unterschiedlichen Stimmen, die sie schon lange in sich trug. Jetzt hatte die Schwangerschaft ihrer Schwester die Spannung zwischen diesen Widersprüchen aktiviert, den Konflikt aufbrechen lassen.

Die unterschiedlichen Stimmen von Ritas Innerem Monolog lassen sich hier beispielhaft folgendermaßen illustrieren: Meine Freundinnen wollen alle irgendwann Kinder haben. Am besten wäre es, einen liebevollen Mann an der eigenen Seite zu wissen, der ausreichend Geld verdienen würde – und sich trotzdem Zeit nehmen könnte für die Familie. Meine Freundinnen sind der Meinung, dass ich mit Simon den richtigen Mann gefunden habe, um diese Idealvorstellung zu realisieren. Meine Mutter sieht das anders. Für sie besteht kein Zweifel daran, dass die Kinder und der Haushalt die Angelegenheit der Mütter sind. Sie erinnert mich gelegentlich an die schöne gemeinsame Zeit, die meine Schwester und ich mit ihr als Kinder hatten. Simon ist anders als mein Vater. Er ist im Haushalt genauso selbstständig wie ich. Können Frauen und Männer wirklich die gleiche Verantwortung für das Familienleben übernehmen? Können Simon und ich gemeinsam und gleichberechtigt alle notwendigen Aufgaben teilen? Schon allein die geringeren Einkünfte von Frauen machen das Teilen sehr schwer. Ich habe von meinem Vater nie irgendeine Bemerkung zu meinem Kinderwunsch gehört, aber er warnt mich immer nur vor einem eigenen Blumenladen. Er hält die Idee für unrealistisch und viel zu riskant. Für ihn ist klar, dass die Sicherheit einer festen Anstellung der Selbstständigkeit vorzuziehen ist. Die Ungleichbezahlung und Doppelbelastung von Frauen seien soziale Tatsachen, diese könne ich nicht ändern. Er sagt immer, er sei ein Realist. Fragen nach der Vereinbarkeit von Beruf und Familie stelle ich mir immer wieder, aber wirklich ernsthaft habe ich bisher nicht über diese Fragen nachgedacht. Und ich traue mich nicht mit Simon darüber zu sprechen.

So wuchs das Unausgesprochene und trat im Streit schließlich zu Tage. Vorerst allerdings haben Rita und Simon das Thema ihres Konflikts noch nicht erkannt. Die Konfliktenergie wird sich zu einem nächsten Ausbruch sammeln, insofern Rita ihren inneren Konflikt nicht bearbeitet. Wird sie sich mit diesem Konflikt beschäftigen? Wird Simon verstehen, dass seine aktive Beteiligung an der Entwicklung dieser Entscheidungen unverzichtbar ist? Werden die Eltern den Klärungsprozess des jungen Paares respektieren und unterstützen? Sie, Leserinnen und Leser, sind eingeladen, sich zu dieser Situation Gedanken zu machen. Wie wird Rita mit diesem inneren Konflikt umgehen? Wie wird Simon sich verhalten? Wie könnte die Geschichte weitergehen?

Streitregeln

Die Streitregeln sollen dabei helfen, dass unterschiedliche Menschen sich auf gleicher Augenhöhe begegnen können. Damit ist gemeint, dass unterschiedliche Bedürfnisse, Interessen, Überzeugungen gleichberechtigt nebeneinander existieren. Es geht darum, zu lernen, sich diese Gegensätze bewusst zu machen, nach Vereinbarungen zu suchen, wie aus den Differenzen positive Entwicklungen zu erreichen wären. Diese Verhandlungen können Streitgespräche sein. Entscheidend ist, dass sie ohne Gewalt auskommen. Demokratien brauchen diese Art von Auseinandersetzungen. Sie bleiben nur lebendig, indem sie immer wieder neu Gegensätze miteinander in Verhandlung bringen. Aus den Differenzen wird Entwicklung möglich, um Verfestigungen zu unterbinden. Es geht darum, die Machthaber am Wiederrichten von Hierarchien zu hindern.

Diese neuen Gesellschaftsformen entwickeln sich im Bearbeiten von Konflikten. Dieses Bearbeiten verlangt nach spezifischen Kompetenzen, um Konflikte für die Entwicklung von Demokratien nutzbar zu machen. Da aber nur wenigen Menschen der Zusammenhang zwischen persönlicher Konfliktfähigkeit und gesellschaftlicher Entwicklung einer Demokratie bewusst ist, werden Konflikte weiterhin als ein Übel betrachtet. Für die meisten von uns geht es darum, Konflikte zu meiden. Wenn Konflikte zu verletzenden Streitsituationen führen, wird behauptet, das läge am Konflikt an sich. Ich behaupte dagegen, dass der Mangel an konstruktiver Konfliktfähigkeit das Scheitern schon erwartet und deshalb auch bewirkt.

Ich bin überzeugt davon, dass besonders Frauen ihre Rechte mittels konstruktiver Konfliktkompetenz sichern sollten. Es gibt zahlreiche selbstbewusste Frauen, die unter der Vereinbarung von Familie und Beruf leiden. Die permanent im Einsatz stehen, sich bemühen, die beste Mutter zu sein und zugleich im Job vollen Einsatz leisten. Frauen, die zu viel von sich erwarten und keinen Ausweg aus der Falle der Gefälligkeit finden. Gerade deswegen halte ich die Fähigkeit konstruktiv zu streiten besonders für Frauen für unverzichtbar. Sie ermöglicht die Befreiung aus Gewaltverhältnissen. Ich stelle mir vor, wie sich Verhandlungen oder Streitgespräche zwischen Frauen und Männern entwickeln würden, wenn beide einander tatsächlich als gleichwertig empfinden und erkennen würden. Das wäre ein großer Schritt in Richtung Menschwerdung.

Bei den Streitregeln geht es um eine Haltung, um 3 Prinzipien, die diese Haltung unterstützen: Grundlegende Bedürfnisse erkennen; aktives Zuhören und mittels Sichtwechsel neue Perspektiven ermöglichen. Oft streiten wir über Kleinigkeiten, über etwas, das nicht den eigenen Erwartungen entspricht. Dieses Streiten weist auf einen Defekt hin. Wir streiten über oberflächliche Ereignisse und erkennen nicht, auf welche Bedürfnisse die Konfliktsituation verweist. Wir nehmen sie (noch) nicht bewusst in uns wahr.

1. Es geht bei der ersten Streitregel darum, die eigenen Bedürfnisse zu erkennen, die wir vielleicht noch nicht aussprechen können, jedoch ahnen oder spüren wir sie in uns. Die zentralen Konflikte sind unsere inneren

Konflikte. Viele Entscheidungen, mit denen Weichen fürs Leben gestellt werden, beruhen auf Anpassung an eine Ordnung, in die wir hineingeboren worden sind. Die Familie, die Freunde, die Nachbarn oder überhaupt die Gesellschaft beeinflussen unsere kleinen und großen Entscheidungen. Das Alltagsverhalten, die beruflichen Entscheidungen, was wir konsumieren und wie wir uns privat und öffentlich präsentieren, wird überwiegend beeinflusst von einer Ordnung, die uns oft gar nicht bewusst ist. Wir handeln erschreckend oft nach äußerlichen Einflüssen. Konflikte sind in diesem Zusammenhang ein Vergrößerungsglas.

Die ersten Erfahrungen eines Kindes, wenn es zur Welt kommt, sind Sinneserfahrungen. Es ist laut, hell und kalt. Das Baby muss atmen und spürt auf der Haut neue Empfindungen. Das Kind spürt viele neue Sinnesereignisse. Ich betone den Unterschied zwischen Spüren und Fühlen. Erst über die Beziehungen zu den Menschen um das Kind herum entwickeln sich unterscheidbare Gefühle aus dem allgemeinen Spüren. Dazu kommt dann die Sprache, mit der die Gefühle benannt werden, und auch das Denken wird immer differenzierter. Das ist die Reihenfolge der Entwicklung. Und wir, als Erwachsene in Konfliktsituationen, tun gut daran, diese Reihenfolge ernst zu nehmen. Das ist das Geheimnis der Spürsamkeit. Wir können die Konfliktenergie im Körper spüren, können die Gefühle erkennen, die zutiefst mit diesem Spüren verbunden sind, können das Erspürte in Worte übersetzen – und werden dann herausfinden, um welche Fragen und Bedürfnisse es sich in diesem Konflikt für uns wirklich handelt. Die Entwicklung vom Spüren, zum Fühlen, zum Benennen und zum Deuten soll in Konfliktsituationen immer wieder wiederholt werden, um sich selbst zu entdecken. Die Bedeutung unserer inneren Konflikte können wir somit besser verstehen. Es geht doch darum, die Konfliktenergie konstruktiv zu nutzen und im Streit das zu bearbeiten, was wirklich wichtig ist. Die Tatsache, dass Streit sich oft so zerstörerisch entwickelt, hat zum Teil damit zu tun, dass wir nicht um das streiten, worum es wirklich geht. Zum anderen verfügen wir nicht über die Methoden konstruktiver Kommunikation. Ich habe also das erste Prinzip der Streitregeln vorgestellt. Um genau zu sein, handelt es sich bei der Haltung, die eigenen Bedürfnisse zu erkennen, um ein grundlegendes Lebensprinzip. Selbstverständlich muss an dieser Stelle erklärt werden, dass die radikale Entdeckungsreise im eigenen Körper nicht in jeder Konfliktsituation durchführbar sein kann. Nicht jeder Konflikt wird so viel Aufwand nötig haben. Wichtig ist, dass das Prinzip klar sein muss, sodass wir es in wichtigen inneren Konflikten, in Entscheidungen oder in Streitgesprächen anwenden können. Ich betone auch, dass mit dem Erkennen und Benennen eigener Bedürfnisse keineswegs eine Erfüllung dieser Bedürfnisse garantiert wird. Selbsterkenntnis ist allerdings hilfreich für wichtige Aufgaben, die das Leben an uns heranträgt.

2. Als nächste wichtige Regel nach dem Bilden eines Bewusstseins für die eigenen Bedürfnisse, und dem Ausdruck dieser Bedürfnisse in eine positive Sprache, folgt das aktive Zuhören und das Wahrnehmen unter-

schiedlicher Positionen. Es geht also darum, wirklich zu hören, was mein(e) Streitpartner(in) sagt, welche Haltung sie/er ausstrahlt, welche Position sie oder er einnimmt. Es ist erstaunlich, wie selten Menschen einander zuhören, wenn sie über etwas diskutieren, das für sie persönlich bedeutend ist. Es geht ums Zuhören. Nur wenige Menschen können gut zuhören. Besonders in Konfliktsituationen wird der Wunsch, Recht zu haben oft so dominant, dass es nur noch darum geht, den eigenen Standpunkt, die eigene Meinung durchzusetzen. Das beinhaltet, dass den Worten der jeweiligen Gegenseite nicht zugehört wird. Man fällt einander ins Wort, unterbricht, wiederholt eigene Aussagen, meint zu wissen, was die Gegenseite sagen wird. Die konstruktive Kommunikationsregel für ‚aktives Zuhören' verweist auf viel mehr als nur auf das genaue Hören des Gesagten. Das allein ist schon eher selten. Wenn es aber darum gehen soll, das von der Gegenseite Gesagte, kurz zusammenzufassen, dann sind die Streitparteien rasch überfordert. Ich habe in Workshops viele Male erlebt, wie Teilnehmer und Teilnehmerinnen zunächst einmal scheitern. Es gelingt oft bereits nach zwei oder drei Diskussionsrunden nicht, kurz zusammenzufassen, was von der Gegenpartei gesagt worden ist. Die Betonung des eigenen Standpunktes, die Selbstbezogenheit im Streitgespräch behindert das Hören, behindert das Wahrnehmen der Gegenpartei. Leider ist es aber unmöglich, eine gemeinsame Entscheidung zur Klärung eines Konflikts zu erarbeiten, wenn man nicht wirklich wahrnimmt, worum es der anderen Person geht. Mit Wahrnehmen ist mehr gemeint als nur den

Inhalt der Worte zu verstehen. Wenn das schon kaum gelingt, wie soll dann eine gemeinsame Entscheidung erarbeitet werden? Jemanden wahrzunehmen bedeutet, die Sinne und die volle Aufmerksamkeit auf diese andere Person zu richten. Wir verfügen hierfür über ein Sensorium, das viel mehr versteht als nur den Inhalt der Worte. Dieses Sensorium sammelt Informationen zur Stimme, Atmung, Mimik, Gestik, sogar zum Geruch, dem Schweiß und anderen für uns nicht leicht erkennbaren Signalen. Um dieses Sensorium zu aktivieren, müssen wir allerdings unsere Aufmerksamkeit auf die Person richten, die wir verstehen und erkennen wollen. Es geht also darum, von den eigenen Gedanken und dem eigenen Standpunkt loszulassen und offen zu sein für die Wahrnehmung des anderen. Der Begriff „Empathie" benennt diese Haltung als Einfühlung in den anderen. Es ist erstaunlich, wie schwer das ist, – umso wichtiger sind diese Streitregeln als grundlegende Fähigkeit für konstruktives Streiten. Ein gutes Streitgespräch, in dem einander zugehört wird, einander wahrnehmend geantwortet wird, schafft Erkenntnisgewinn und fördert die Lebensqualität.

3. Die dritte Regel meint die unverzichtbare persönliche Haltung des Sichtwechsels. Um den Konflikt zu erkennen, ist ein Sichtwechsel, die Erweiterung der Perspektive empfehlenswert. Wir können die Spannung, die den Konflikt ausmacht, erspüren und sie in uns suchen und finden. Die Konfliktspannung ist nur ein anderer Begriff für eine Form von Energie. All diese Konfliktenergien bilden jeweils eine Resonanz im Kör-

per. Diese Resonanz gilt es zu erspüren. Das ist eine grundlegende Fähigkeit für konstruktives Konfliktverhalten: Im eigenen Körper die Spannung zu erspüren, die von unseren Konflikten Resonanzen bilden. Es geht also um die möglichen unterschiedlichen Perspektiven auf den Konflikt. Es geht darum, Abstand vom persönlichen Betroffensein zu erhalten. Vielleicht hat das, was andere mir vorwerfen, weniger mit mir als mit deren Situation zu tun? Erst in gewisser Distanz kann ich das beurteilen.

Sigmund Freud hat dem ‚Nein' eine wichtige Aufgabe zugesprochen. Das Nein ermöglicht den Abstand und damit unterschiedliche Sichtweisen. Das Nein ermöglicht so auch die intellektuelle Urteilskraft. Indem wir Abstand zu etwas haben, können wir dieses Etwas erkennen. Wenn wir im Konfliktgespräch die Position des anderen einnehmen, können wir das Ganze sehen. Klaus Heinrich sprach vom ‚Nein' als Ausdruck des Protests im Namen des ausgeschlossenen Dritten. Mit dem Nein-Sagen protestieren wir gegen eine Ordnung, die immer wieder sich verfestigend behauptet, die einzig wahre, richtige, notwendige Ordnung zu repräsentieren. Dieser Ansatz der Sicherheit im Eindeutigen dürfte in unserer Zeit ‚nach der Postmoderne' keinen Alleinvertretungsanspruch mehr geltend machen, und tut es doch so oft. Wir halten uns fest an vermeintlichen Sicherheiten, weil das Ungewisse schwer auszuhalten ist. Allerdings bleibt uns keine Wahl. Wir haben uns in einen riesigen globalen Konflikt hineinmanövriert, haben technische Geräte und Methoden entwickelt, deren Gebrauch ungeahnte Bequemlichkeiten ermöglichen. Maschinen, Materialien, technische

Geräte, künstliche Intelligenz stehen zur Verfügung jener, die global gesehen die Mächtigen sind. Wir nehmen, was für dieses bequeme Luxusleben benötigt wird, auch wenn rund um den Globus andere Menschen für diese Lebensweise ausgebeutet werden, auch wenn wir sie nicht mehr Sklaven nennen. Wir beuten den Planeten Erde, seine Ressourcen und sogar das Universum rundherum aus. Wir wissen zwar, dass wir zu viel verbrauchen, doch das Vergnügen am Reichtum wiegt schwerer als das moralische Gewissen. Kant nannte diesen Konflikt „Das radikal Böse". Es geht um das tief verankerte Wissen (in der Wurzel = radikal) um das, was gerecht und richtig wäre, jedoch finden viele Menschen Selbstberuhigung in Begründungen, die darlegen, warum ihrem moralischen Gewissen nicht zu folgen sei.

Krise

Einer der wichtigsten Konflikte heute ist der Widerspruch zwischen dem Wissen, dass hier im bequemen Luxus zu viel an Ressourcen verbraucht werden und der fehlenden Bereitschaft, auf Annehmlichkeiten und Gewohnheiten zu verzichten. Wird die Transformation dieser Widersprüche konstruktiv zu gestalten sein? Oder wird die vermeintliche Sicherheit und der Wohlstand das destruktive Potential der Konfliktenergie so lang verbergen, bis es zu katastrophalen Zerstörungen unseres Planeten Erde kommt?

Wir sprechen von der Klimakrise. Das ermöglicht uns die „Auslagerung" des Geschehens. Das Klima hat eine Krise nicht wir. Der innere Konflikt ist noch nicht im allgemeinen Bewusstsein angekommen. Allerdings gilt hier, wie in allen Konfliktsituationen, dass der Umgang mit unseren inneren Konflikten das Muster vorgibt, mit dem wir jeden Konflikt behandeln. Das heißt, so wie wir inneren Streit führen, so führen wir auch den Streit mit anderen.

Ich habe die Erfahrung gemacht, dass die inneren Konflikte mit den gleichen Methoden zu bearbeiten sind, wie jeder Konflikt zwischen Personen. Dass also beide Positionen des inneren Konflikts befragt werden, um die Gegensätze deutlich und verständlich zu machen.

Worum geht es den jeweils gegensätzlichen Interessen? Welche verborgenen Bedürfnisse wollen erkannt werden? Die gegensätzlichen Positionen geben sich dem Spüren und Fühlen zu erkennen. Die jeweils unterschiedlichen Bedürfnisse wollen in Worte übersetzt und gedeutet werden. Ein Streitgespräch mit sich selbst zu führen, kann innere Widersprüche in ihrer tieferen Bedeutung erkennbar machen. Nehmen wir als Beispiel jenen Konflikt, der zurzeit viele Menschen beschäftigt. Einerseits scheinen die meisten Menschen zu erkennen, dass der Klimawandel weltweit mit überdurchschnittlich häufigen Wetterkatastrophen unübersehbar wird. Die wissenschaftlichen Analysen sagen erschreckende Entwicklungen voraus, wenn die Temperaturen des Planeten Erde weiterhin so schnell steigen und die Ressourcen so radikal verwendet und verschwendet werden. Andererseits beansprucht der „Westen" seinen Luxus wie selbstverständlich. Der Wohlstand, der mit einem gigantischen Wirtschaftsapparat produziert wird, ist bereits zur Gewohnheit geworden. Ob bewusst oder unbewusst – dieser Konflikt betrifft alle und fordert eine Haltung, mit der entschieden persönliche Verantwortung übernommen wird. Wie auch immer diese Entscheidung ausfällt, sie müsste benennbar und erklärbar sein. In diesem Sinn müsste sie den Konflikt in eine bewusste Haltung transformieren.

Und damit sind wir wieder bei einem zentralen Thema. Ein klärender Streit, ein Gespräch, das die Konfliktenergie in Erkenntnis transformiert, schafft Bewusstsein. Das komplexe Bündel an unterschiedlichen Interessen soll in möglichst viele Einzelteile von widersprüchlichen Gefühlen, gegenteiligen Bedürfnissen und anderen Widersprüchen zerlegt werden. Daraus ergibt sich ein Gewinn an Bewusstsein, an Erkenntnissen über sich selbst und andere. Und dieses wachsende Bewusstsein ergibt dann innere Sicherheit. Diese innere Sicherheit zeigt sich als persönliche Stärke und damit als nützliche Unterstützung für die konkrete Umsetzung der Streiterkenntnis.

Das ist das Geheimnis der Streitkraft. Als konstruktive Transformation der Spannung, der Energie zwischen Widersprüchen, ermöglicht sie innere Sicherheit. Je mehr wir uns bewusst sind über die Widersprüche in uns, und je mehr wir imstande sind, diese Widersprüche bewusst auszuhalten, desto größer und stärker wird unsere innere Sicherheit. Eine enorme Herausforderung unserer Zeit besteht darin, den wachsenden Mangel an Gewissheiten auszuhalten. Widersprüchliche Informationen, verwirrende Behauptungen und angeblich endgültige Formeln wollen die Suche nach Klarheit abnehmen. Die enorme Herausforderung besteht heute auch darin, Ambivalenz in ihren vielen Widersprüchen auszuhalten. Keine absolut gültige Wahrheit, die alles erklärt, ist verfügbar. Kein einfaches Rezept, keine allgemein verbindliche Antwort wird uns geschenkt, auf die vielen offenen Fragen. Viele unterschiedliche Wege sind möglich. Die Spannung zwischen zahlreichen widersprüchlichen Möglichkeiten bewusst zu halten, halten zu können, ist sicherlich eine der großen persönlichen Aufgaben unserer Zeit (unveröffentlichte Dissertation „Phallus triumphatus", Jalka 1990). Das Beispiel dieses wichtigen inneren Konflikts verlangt nach der Fähigkeit, bewusst auszuhalten, dass es keine endgültig richtige Antwort für diesen inneren Streit gibt. Es geht darum, das Bestmögliche zu tun und immer wieder im Wissen um die je persönliche Verantwortung neu zu entscheiden, wie wir handeln können und wollen.

„Streitkraft ist die Kraft der Veränderung".

Der innere Monolog

Wer spricht im „Inneren Monolog"? Zu wem? Wer hört zu? Hört überhaupt jemand zu? Will jemand gehört werden? Wir denken lautlos. Wir sprechen über das, was uns berührt. Wir kommentieren Ereignisse und Menschen um uns herum und nicht zuletzt kommentieren wir uns selbst. Dabei handelt es sich häufig um Konflikte. So wird manches gesagt, das womöglich nicht laut ausgesprochen worden wäre. Dieser Innere Monolog kann Denkarbeit sein, zur Bearbeitung einer Aufgabe, einer Frage, eines Themas. Oft sprechen Menschen im Inneren Monolog ohne ein konkretes Ziel, sprechen ungeordnet irgendetwas. Erstaunlich häufig ist dieses ungeordnete lautlose Wieder- und Wiederholen oft ein Sprechen über unbemerkte innere Konflikte. Da Konflikte unbeliebt sind, hören wir uns selbst oft nur mit geringer Aufmerksamkeit zu. Wir hören nicht genau hin, wie wir uns selbst verraten, was wir nicht wissen wollen.

Wir hören nicht genau hin, wie wir uns selbst verraten, was wir nicht wissen wollen.

Ich schreibe diesen Satz doppelt, weil darin das Geheimnis des Verdrängens angesprochen wird. Der innere Konflikt will sich sowohl bemerkbar machen als auch verbergen. Dieser Widerspruch ist das Wesen des Konflikts. Im Inneren Monolog führen wir uns selbst zu den Spuren, die auf das Dilemma des Konflikts hinweisen. Deshalb ist der Innere Monolog so interessant. Denn es geht dabei um Wahrhaftigkeit. Das Denken im Inneren Monolog wird nicht ausgesprochen. Ist das, was ich nicht ausspreche, weniger wahr? Sprechen die Worte des Inneren Monologs das, was mir guttut? Könnte ich das aussprechen, was ich im Inneren Monolog denke? In der Beschäftigung mit dem Inneren Monolog zeigt sich, dass hier sowohl willentlich als auch kreativ einzugreifen wäre. Der Innere Monolog ist Teil der Bewusstseinskultur, der persönlichen Bewusstseinskultur.

Ich betone hier, dass Selbstreflexion Teil der persönlichen Auseinandersetzung mit sich selbst ist, als Prozess konstruktiver Konfliktkompetenz. Nachdem im Außen traditionelle Hierarchien in Frage gestellt werden und uralte Machtstrukturen bröckeln, kann sich die Aufmerksamkeit auf die Entdeckung des Innen richten. Es geht um Selbstreflexion, um Aufmerksamkeit für unser eigenes Konfliktverhalten. Wir sprechen im Inneren Monolog oft über etwas Persönliches, das uns beschäftigt. In diesen stummen Worten zu uns selbst äußern wir uns im Sinne von Werturteilen. Das wäre der entscheidende Moment zu bemerken, ob es sich um einen inneren Konflikt handelt. Wer sich mit einem persönlichen Thema auseinandersetzt, begegnet sich selbst, und begegnet Spannungen, die auf Konflikte verweisen. Im Inneren Monolog werden diese Spannungen kommentiert. Eine im Sinn von Bewusstseinskultur unterstützende Maßnahme wäre, die Aufmerksamkeit auf die Spannungen im Körper zu richten. Allzu oft wird „Selbstreflexion" verstanden als intellektuelle Analyse, als reine Arbeit der Vernunft. Und weil wenige Menschen gelernt haben, mit Konflikten bewusst umzugehen, werden spürbare Spannungen nicht als das erkannt, das sie sind, – Resonanz. Im Körper können wir die Resonanzen spüren, die mit einer Konfliktspannung mitschwingen. Diese Spannungen spüren wir, ohne sie als Resonanz eines

Konflikts zu erkennen. Das gilt für innere Konflikte ebenso wie für Konflikte zwischen Personen. Wenn es um Konflikte geht, ist der Zugang leider vorwiegend vernunftbasiert. Spannungen im Körper werden oft als Störung behandelt, medizinisch diagnostiziert und ‚weggedrückt', jedenfalls nicht als Hinweis auf einen Konflikt wahrgenommen.

Im Inneren Monolog wird allerdings auf die Spuren hingewiesen, die das Verdrängte hervorbringen können. Ist es möglich auf dieses Innerste einzuwirken? Ja, durch aufmerksames Spüren und ein Deuten der eigenen Gefühle. Es ist ein Stück Bewusstseinskultur. Im Inneren Monolog zeigen wir uns, wie wir mit Spannungen, mit einem Konflikt, einem Streit umgehen. Wir bieten uns selbst die Möglichkeit, bewusst wahrzunehmen, wie wir mit diesem oder jenem Konflikt umgehen. Wir bieten uns selbst damit auch die Möglichkeit, bewusst anders als gewohnt mit Konflikten umzugehen.

Und noch einmal: Wir bieten uns selbst damit auch die Möglichkeit, bewusst anders als gewohnt mit Konflikten umzugehen. Die Wiederholung ist wieder ein Hinweis auf die Bedeutung dieser Worte. Wenn wir nämlich die Absicht haben, unser Verhalten in Konflikten zu ändern, orientieren wir uns bereits in diese Richtung. Die Absicht, wenn sie ernsthaft wirklich als solche gemeint ist, macht die Überwindung von Herausforderungen möglich.

Der Innere Monolog ist der ideale Ort, um für sich selbst konstruktives Konfliktverhalten zu üben. Das verlangt nach Aufmerksamkeit für das, worum es geht. Wie im vorigen Kapitel als Streitregeln beschrieben, sind aktives Hinspüren, Hinhören, Zuhören und Wahrnehmen die Grundkompetenzen im konstruktiven Umgang mit Konflikten. Ich spreche von Einfühlung. Gemeint ist zuerst nicht nur Einfühlung in die anderen, sondern auch Einfühlung in sich selbst. Ein wesentlicher Erkenntnisgewinn ist, sich selbst besser zu verstehen.

Der Innere Monolog will Dialog werden, will den Konflikt zur Sprache bringen. Und kann ein Blick hinter meine eigene Maske sein. Es geht also um Selbstreflexion und um Einfühlung, um Deutung des Wahrgenommenen.

Entscheidend dabei ist, dass Selbstreflexion auch als Suche im Körper unternommen wird. Oft wird Selbstreflexion als Analyse des Denkens mittels Vernunft verstanden. Das Selbst wird so zum intellektuellen Prozess. Der Körper wird in dieser Sichtweise nicht ernstgenommen. Aber Konflikte sind Spannungen, Energie. Im Körper schwingen wir mit Spannungen im Außen mit. Wir können Spannungen als Resonanz spüren. Der Prozess beginnt mit der Beschäftigung mit Konflikt als Thema, als soziale Kompetenz und mit der Aufmerksamkeit auf eigene innere Konflikte. Dann geht es um das Spüren von Spannungen im Körper, als bewusstes Wahrnehmen von Resonanz. Die Bedeutung der Spannung zeigt sich in den Gefühlen, die damit einhergehen. Bedeutend ist im nächsten Schritt die Sprache, die Benennung von Gefühlen und von dem, was wir spüren. Das Körperliche soll zur Sprache gebracht werden. Hier wird es dann möglich, zu entscheiden, wie mit dem Prozess weiter zu verfahren ist. Wer den eigenen Worten des Inneren Monologs genau zuhört, kann erkennen, welche Weltanschauung die eigene Sprache beschreibt. Nehme ich Machtverhältnisse und Herrschaftsstrukturen als gegeben hin? Was bedeutet es für den Konfliktverlauf, wenn meine Haltung dem Weltbild des „Untertanengeistes" entspricht?

In diesem Weltbild wird die Tatsache als unabänderlich hingenommen, dass in herrschenden, immer noch streng hierarchischen Gesellschaften die Entscheidungsträger in der Öffentlichkeit vorwiegend Männer sind, die ihre Macht zur Absicherung ihrer Positionen einsetzen. Frauen kontrollieren den innerfamiliären Raum.

Diese strengen Regeln der Beziehungsstrukturen verhindern, Widersprüche als positive Erfahrung zu nutzen. Gebote und Strafen behaupten Eindeutigkeit, auch wenn sie willkürlich entschieden wurden. Diese hierarchischen Systeme unterstützen das Verständnis und das Deuten von komplexen Konfliktsituationen nicht. Zweifel an diesen einfachen Lösungen werden als Widerstand gesehen und verfolgt. Konfliktsituationen werden somit immer wieder mit Gewalterfahrungen in Verbindung gebracht und führen zu der oben beschriebenen Haltung, Konflikte als Bedrohung zu erleben. Wenn diese Weltanschauung sich im Inneren Monolog äußert, indem die Sprache der Herrschaftsstrukturen scheinbar absichtslos die Beschreibung eines inneren Konflikts übernimmt, können wir erkennen, wie es um unsere Kultur des konstruktiven Konfliktverhaltens bestellt ist. Voraussetzung ist allerdings, dass wir unsere eigene Sprache beim Wort nehmen und genau hinhören, dem eigenen Inneren Monolog also wirklich zuhören. Wenn wir erkennen, dass wir im Inneren Monolog abwertend und schuldzuweisend sprechen, muss klar werden: Das wird keine konstruktive Kommunikation. Wenn wir in unserem Selbstgespräch die einfachen Lösungen benennen und für notwendig halten, nämlich die, die uns selbst Recht geben, – dann sind wir unterwegs auf dem Weg der Gegnerschaft, dort wo Gewalt sich Recht verschafft.

Selbstreflexion

Wenn wir unsere Gewaltbereitschaft überwinden wollen, muss es darum gehen, sie radikal, also in der Wurzel zu überwinden. Wir Menschen haben in der Entwicklung der Evolution die Fähigkeit erworben, über uns selbst nachzudenken, uns selbstreflexiv zu spüren und zu erkennen. Wir wissen, dass nützliche Fähigkeiten in der Evolution überdauern. Also ist nach dem Nutzen der Selbstreflexion zu fragen. Selbstreflexion verlangt nach „Selbsterkenntnis", nach Distanz zu sich selbst ebenso wie nach einem Nachspüren im Körper und im Benennen der Gefühle. Ich betone, dass es darum gehen soll, das, was ich spüre, in Worte zu übersetzen. Das ist der notwendige Schritt, um die Körpererfahrungen zur Selbsterkenntnis werden zu lassen. In der Frage nach dem Nutzen der Selbstreflexion wird deutlich, es ist die Verbindung von Körperlichem mit den Gefühlen und mit dem Gebrauch der Sprache und des Denkens.

Wenn die persönliche Sicherheit unabhängig von staatlichen Einrichtungen (Militär etc.), entwickelt werden soll, müssen wir lernen den „Untertanengeist" in uns zu überwinden. Wenn die Demokratie als neue Organisationsform unserer Gesellschaft gestaltet werden soll, wird es um eine neue, selbstbewusste Beteiligung an allen Entscheidungen gehen.

Eine entwicklungsfähige, lebendige Demokratie braucht unterschiedliche Stimmen, die unterschiedliche Meinungen und Interessen vertreten, die in Differenzen das Potential für Entwicklung und für die Erweiterung des Möglichen erkennen. Dieser konfliktreiche Prozess verlangt nach selbstbewusster Beteiligung. Die Entwicklung von Selbstreflexion fördert die Kultur des Bewusstseins. Wir erkennen diese notwendige Entwicklung heute als die große neue Herausforderung, ganz besonders im Sinn einer Stärkung der Demokratie. Mutige und kritische Auseinandersetzungen und der Widerstand Einzelner gegen die damals so behauptete „von Gott gewollte soziale Hierarchie" haben im Laufe der Zeit ein neues Denken ermöglicht. Die Kritik an den Kirchen führte zu Zweifeln an der Vorstellung eines den Lauf der Welt ordnenden Gottes. Der Glaube an absolute Wahrheiten, von der Kirche verwaltet, konnte im Widerspruch zu messbaren Erkenntnissen nicht mehr bestehen. Dass der Planet Erde nicht das Zentrum des Universums ist, war eine Erkenntnis, die von Astronomen unter Gefahr für Leib und Leben erarbeitet und veröffentlicht wurde. Es war viel Mut gefragt, um sich der Macht der Kirche entgegenzustellen. Technische Erfindungen und nachvollziehbar messbare Erkenntnisse waren letztlich die Argumente, die den Widerspruch gegen Machtstrukturen unterstützten. Technische Entwicklungen führen bis heute zu immer neuen sozialen und politischen Veränderungen in unseren Gesellschaften. Mithilfe technischer Geräte wird immer neues Wissen erarbeitet. Menschen erkannten sich selbst in ihrer kritischen Distanz zu den Glaubensverpflichtungen. Traditionelle Sicherheiten mussten zugunsten selbstbestimmter Erkenntnisse weichen. Neue soziale Strukturen entstanden, durch technische Entwicklungen in Gang gesetzt.

Das neue Denken

Jeder Bruch mit gesellschaftlichen Traditionen verlangt nach einem neuen Denken, eröffnet neue Erkenntnisebenen. Jetzt geht es um ein Denken, das Widersprüche aushalten und Spannungen halten kann. Es geht um die Überwindung des unbedingt Eindeutigen. Im Lauf der Jahrhunderte bewirken technische und wirtschaftliche Entwicklungen immer wieder neue soziale Veränderungen und neue Erkenntnisse. Es geht um kreatives Denken, das Gegensätze nicht in angeblich eindeutigen objektiven Sicherheiten auflösen soll. Die Psychoanalyse ist eine der wichtigsten Repräsentanten dieser Entwicklung. Die Psychoanalyse ist die Erkenntnistheorie, die das Unbewusste als wirkungsmächtigen Bestandteil unseres Denkens und Handelns erklärt. Sie beschreibt, wie das Unbewusste erkenntnisfähig und sprachmächtig unsere Entwicklung beeinflusst und begleitet und somit auf die Menschwerdung Einfluss nimmt. Es geht um ein Innen nach der Überwindung der absoluten Ordnung im Außen und es gilt, dem Paradoxon standzuhalten, nämlich dem „Fortschritt", der auf Verdrängung aufbaut. Das heißt also, sich den Konflikten zu stellen und sie bewusstseinsfähig und damit zum möglichen Ausgangsort für Erkenntnis werden zu lassen.

Harmoniesehnsucht steht im Dienst von Traditionen und offenbart sich als Lähmung für die Entwicklung von Kompetenzen im Umgang mit Spannungen. Das Ziel, Bewusstsein für Komplexität zu entwickeln, – und zwar hier für die Komplexität von Konfliktstrukturen – erfordert, Konflikte nicht als Bedrohung, sondern als Potential für Entwicklung zu verstehen. Differenzen sind stets Ausgangsorte für Entwicklungen. Es geht darum, Fähigkeiten für die Transformation von Konfliktenergie in Erkenntnis zu erwerben. Es geht darum, Widersprüche als Spannung fruchtbar zu machen. Und diese Spannung zu halten. Es gilt, im Tun, im Reden und bereits im Denken diese Fähigkeiten einzuüben.

Die Quantenphysik tritt als eine andere Art der Revolution, besonders für Wissenschaften auf. Sie entwickelt ein grundlegend neues Theoriegebäude und kann als Physik der Beziehungen und Möglichkeiten bezeichnet werden. Unser Denken wird von den quantenphysikalischen Erkenntnissen intensiv herausgefordert. Im quantenphysikalischen Prozess zeigen sich, je nach Versuchsanordnung, die Elementarteilchen als Energie oder als Entfaltung des Geistigen. Die Beobachtung, ja sogar das Denken, kann das Ergebnis beeinflussen. Mit den Möglichkeiten quantenphysikalischen Zugangs wird auch versucht, die Evolution des Geistigen zu erklären. Das Bewusstsein wird als bisher höchste Stufe der Evolution gesehen. Als sich selbst reflektierender Geist vermag es die Entwicklungen der Evolutionsstufen zu erkennen. In der Quantenphysik wird eine gemeinsame Grundlage für Materie, Energie und Bewusstsein angenommen, wobei Kooperation das wesentliche Grundprinzip der Entwicklung ist.

Im 20. Jahrhundert hat eine neue Wissenschaft, die Friedensforschung, die Wissenschaft vom Frieden, das Denken über den Umgang mit Konflikten beeinflusst. Können wir Frieden denken, der mehr ist als die Abwesenheit von Krieg? Was für ein Frieden wäre das? Wir stoßen an die Grenzen unseres Vorstellungsvermögens, weil wir Frieden seit vielen Generationen nur kennen als Zustand nach oder vor Gewalt. Wie wäre ein solch anderer Frieden zu denken? Können wir Frieden denken, ohne einen Bezug auf Krieg und Gewalt? Frieden als das andere? Die Friedensforschung entwickelt Modelle, um den Prozess aktiven Friedens als Ergebnis von Verhandlungen und als Transformation von Konfliktenergie in Erkenntnis darzustellen. Psychoanalyse, Quantenphysik und Friedenswissenschaft fordern unser Denken und Verstehen heraus. Es geht um nicht weniger als um die radikale Erweiterung von Denkmöglichkeiten, um die Überwindung der Sicherheit im Eindeutigen. Komplexe Prozesse von Konfliktgeschehen durchlaufen grundlegende Veränderungen, wenn dieses Denken gelingt.

Zwischenspiel: Selbstreflexion

Selbstreflexion in Bezug auf das gewohnte Verhalten in Konfliktsituationen ist eine der wichtigen Übungen, die zur Voraussetzung werden, wenn Sie sich ihr Streitverhalten bewusst machen – und es vielleicht verändern möchten. Es geht darum, herauszufinden, wie Sie auf verschiedene Konflikte reagieren, ob und wann Sie wütend werden, wann Sie mit Trauer, wann mit Rückzug reagieren und wann die Versuchung aufkommen könnte, ihren Standpunkt mit Gewalt durchzusetzen.

Hier werden 10 Konfliktsituationen beschrieben. Denken Sie über sich in diesen Situationen nach und markieren Sie die Situation jeweils mit einer Zahl von 1 bis 5.

1 bedeutet, dass Sie ruhig und konstruktiv reagieren würden.
2 bedeutet einen mehr oder weniger konstruktiven Umgang, eine Verhandlung oder Sichtwechsel.
3 verweist auf eine Zwischenstufe zwischen Verhandlungsgeschick und Ärger.
4 bedeutet, dass Sie mit Wut regieren würden und mit dem Wunsch nach Vergeltung.
5 bedeutet Feindschaft und Angriff.

Anschließend bitten Sie eine Freundin, einen Freund darum, die Fragen so zu beantworten, wie sie oder er Ihr Konfliktverhalten einschätzt. Dann vergleichen Sie die Ergebnisse. Hoffentlich ergibt sich daraus ein gutes ausführliches Gespräch zum Thema Selbstreflexion und Streitverhalten. Zur Selbsteinschätzung sind diese oder ähnliche Fragen auch in Hinblick auf den Inneren Monolog interessant. Reagieren Sie mit dem Wunsch, Ihre Gedanken zu kontrollieren oder sie zu beeinflussen?

- Sie werden beim Autofahren von einem anderen sehr knapp geschnitten und bekommen von diesem dann den Vogel gezeigt.
- Ein junges Mädchen fährt mit einem E-Roller erschreckend schnell auf dem Bürgersteig und saust knapp an Ihnen vorbei.
- Sie haben eine schwierige Arbeitsaufgabe gut erledigt und hören, wie Ihr Kollege am Telefon über diese Arbeit so redet, dass der Eindruck entstehen könnte, er habe die Leistung erbracht.
- Eine Kollegin kommt regelmäßig zu spät oder im letzten Augenblick. Sie vereinbaren für das wichtige Gespräch, das Sie demnächst gemeinsam mit der Abteilungsleiterin führen werden, schon 10 Minuten früher dort zu sein. Trotzdem kommt sie wieder fast zu spät.
- Zu einem Familienfest bringt ein junges Paar ihr Kleinkind mit. Sie bemerken, dass das Kind ein Stück Kuchen bekommt und diesen sorgfältig zerkleinert auf den Boden verteilt, während die Eltern daneben plaudernd nichts bemerken.
- Sie werden zum wiederholten Mal von einem Teamkollegen vergessen, wenn es um die Weitergabe von Informationen ging. Die Entschuldigung des Kollegen klingt ehrlich, – ist Ihnen jedoch verdächtig, ob es sich um Absicht handeln könnte?

- Der Nachbar in der Wohnung nebenan lernt Flöte zu spielen und macht es sich zur Gewohnheit, abends zu üben, wenn alles andere rundherum still wird.
- Sie haben sich für eine längere Fahrt mit der Eisenbahn einen Platz in einem Waggon reserviert, wo kein Mobiltelefon benutzt werden soll. Eine Mitfahrerin ignoriert das und lässt sich auch nicht durch Zeichengebung zum Beenden ihrer Telefonate bewegen.
- In einem Lesekreis, an dem Sie teilnehmen, wird eine eher stille Teilnehmerin von anderen, lauten Personen oft gehindert, sich einzubringen. Ihnen fällt das immer wieder auf.
- In Ihrem Wohnbezirk wird der Müll getrennt. Trotzdem sehen Sie, wenn Sie Ihren Mist entsorgen, immer wieder Glas oder Plastik in den allgemeinen Mistkübeln.

Diese Konfliktbeispiele sollen dazu anregen, sich ihr gewohntes Konfliktverhalten bewusst zu machen und zu überlegen, ob Alternativen möglich wären. Wann lassen Sie sich bewusst auf Konflikte ein? In welchen Situationen übernehmen Sie die Initiative? In welchen Situationen weichen Sie aus? Lassen Sie sich von der lähmenden Sehnsucht nach Harmonie zur Leugnung der Konfliktspannung verführen? Diese Erkundungen in der eigenen Streitkultur sind unverzichtbar, wenn es darum geht, bewusst zu entscheiden, ob und wie gestritten werden soll. Es geht dabei nicht um eine Wertung, sondern um einen Prozess der Selbstanalyse und -erkenntnis.

Zum Beispiel Rita

Nehmen wir an, Rita und Simon kommen zu mir ins Büro für Konfliktkultur. Simon hat an der Universität von Seminaren zu Themen wie ‚Selbstreflexion', ‚Konfliktkultur' oder ‚soziale Kompetenz' erfahren. Die Szene mit Rita unlängst hat ihn ziemlich erschreckt. Er fand keine Erklärung für ihr Verhalten. Als er versuchte mit ihr darüber zu sprechen, entschuldigte sie sich. Das verwirrte ihn noch mehr. Er sah in ihrem Verhalten keinen Grund für eine Entschuldigung. Aber ihre extreme Wut passte so gar nicht zu der liebenswürdigen Rita, die er sonst kannte. Im Internet fand Simon den Hinweis auf die psychosoziale Beratung von Konfliktkultur. Rita war einverstanden, eine solche Beratung aufzusuchen.

Bei der Frage nach dem Anliegen ihres Besuches, schildert Simon die Szene, die kürzlich stattgefunden hat, und über die sie mit jemandem sprechen wollten, weil sie selbst keine Erklärung dafür hätten. Rita sitzt lächelnd und schweigend neben Simon, der spricht. Ich frage Rita, ob auch sie über dieses Ereignis sprechen will, und sie bejaht, schweigt aber weiter. Simon skizziert das Ereignis, den Streit nach dem Geburtstagsfest. Ich frage Rita nach ihrem üblichen Streitverhalten. Sie betont, dass sie Konflikte vermeidet. Es gäbe zwischen Simon und ihr keine Konflikte. Sie hätten beide keine Erklärung für das, was damals vorgefallen ist. Ich erzähle den beiden, wie bedeutsam ein aktiver Umgang mit Konflikten meiner Ansicht nach ist.

Streiten hätte zwar einen schlechten Ruf, das sollte aber aus der historischen Entwicklung heraus verstanden werden. Menschliche Gesellschaften haben immer in streng hierarchischen Strukturen mit Geboten und Strafen funktioniert, von Männern definiert. Das Leben in einer Demokratie verlangt nach anderen sozialen Kompetenzen. Das konstruktive Streiten sei eine wichtige Kompetenz. Die Grundidee sei, dass alle gemeinsam Verantwortung haben, unabhängig von ihrem Wahlverhalten. Das Gleiche gilt für konstruktives Streiten. Es geht darum, unterschiedliche Meinungen oder Bedürfnisse zu untersuchen, um mögliche Gemeinsamkeiten mit dem Gegenüber zu erkennen.

Simons und Ritas Darstellung von den Ereignissen nach dem Geburtstagsfest scheinen keine Hinweise auf eine Meinungsverschiedenheit zwischen den beiden zu geben. Deshalb vermute ich, dass es sich um einen inneren unbewussten Konflikt handelt. Ich weiß, dass unser jeweiliger Umgang mit intrapersonalen Konflikten dem entspricht, wie wir mit interpersonalen Konflikten umgehen. Wie wir mit den eigenen inneren Konflikten umgehen, so handeln wir auch in Konflikten mit anderen. Die Vermeidung von Streit, der Wunsch nach Harmonie, von dem Rita gesprochen hatte, lässt mich annehmen, dass ihr eventuell ein zugrundeliegender innerer Konflikt nicht bewusst ist. Geburtstage lösen oft innere Spannungen aus, da sie das Älterwerden markieren. Ich spreche also mit den beiden über diesen Aspekt von Geburtstagsfeiern und Rita stimmt mir zu, diesen inneren Stress, älter zu werden, manchmal zu spüren. Während sie das scheinbar leichthin ausspricht, spüre ich, offenbar in Resonanz mit ihr, dass mein Magen Spannungen signalisiert. Rita stimmt mir zu, sie spürt, dass das Älterwerden

Spannungen ihn ihr hervorruft. Sehr bald berühren wir den Ort des inneren Konflikts. Rita kämpft gegen ihre Tränen, als wir auf die Frage der Mutterschaft stoßen. Simon rückt näher an sie heran und hält ihre Hand. Wir spüren, dass ein Thema mit viel Konfliktpotential berührt wird.

Ich erkläre den beiden meine Grundlagen des allgemeinen Zugangs zu Konflikten:

Konflikt nennen wir eine Situation, wenn zwischen mindestens zwei einander widersprechenden Bedürfnissen, Interessen oder Absichten Spannung entsteht. Diese Spannung ist Ausdruck eines energetischen Geschehens. Spannung ist ein anderes Wort für Energie. Konflikt ist also Energie. Somit ist ein Konflikt weder gut noch böse, sondern abhängig von dem, was wir mit dieser Energie machen. Jede Energie strebt nach Transformation. Konflikt strebt nach konstruktiver oder destruktiver Transformation. Ein konstruktiver Transformationsprozess von Konfliktenergie wird Bewusstsein, Erkenntnis, allgemeine und selbstreflexive Erkenntnis. Die destruktive Transformation von Konfliktenergie wird zu Gewalt, – im Denken, im Sprechen oder im Handeln.

Ich erkläre dieses Konzept von Konfliktverhalten, um Rita und vielleicht auch Simon auf einen Sichtwechsel einzuladen. Um die Transformation des Konflikts zu beeinflussen, soll zuerst die Abwehr gegen Konflikte generell verstanden werden. Erst wenn der Konflikt an sich nicht mehr als bedrohlich erlebt wird, wenn also ihre Einstellung zu Konflikten sich geändert hat, kann der Inhalt des Konflikts untersucht werden. Zunächst sprechen wir darüber, dass wir alle, ob es uns bewusst ist oder nicht, innere Konflikte haben. Die Spannung zwischen Differenzen ist die Voraussetzung für jede Entwicklung. Je mehr wir uns unserer Konflikte, also dieser Differenzen in uns bewusstwerden, desto besser können wir den Prozess der Transformation dieser Energie in eine konstruktive Richtung beeinflussen. Rita und Simon sind an diesem Sichtwechsel interessiert und verstehen, dass es nun darum gehen wird, um welche Form des Konflikts es sich hier in Ritas Situation handelt? Und um die Frage, wie viel Simon damit zu tun hat? Wir verabreden einen Termin, um unser Gespräch fortzusetzen. In der Fortsetzung des Gesprächs zu Hause erinnert sich Rita wieder an ein Detail, das sie mittlerweile vergessen hatte, nämlich, das Eingeständnis von Charlottes Schwangerschaft. In der Familie wird seither zu dem Thema eisern geschwiegen. Rita weiß nicht, ob die Eltern mit Charlotte darüber sprechen, aber vermutet, dass dies nicht der Fall ist. Wahrscheinlich wird aus Prinzip geschwiegen, die Tatsache, dass die Tochter, ohne verheiratet zu sein, schwanger war, entspricht sicher nicht den Vorstellungen der Eltern zur Zukunft ihrer Tochter. Dass Rita sich diesem Verschweigen unterwirft, ist ein Teil des komplexen Konflikts, der jetzt langsam Stück für Stück erkennbar wird. Rita und Simon haben von mir die ersten Basisregeln für konstruktive Konfliktgespräche mitbekommen. Es geht darum, von sich selbst zu sprechen und sich einander in ihren Gefühlen und Bedürfnissen zu zeigen. Das ist die erste Grundregel. Die nächste betrifft das Wahrnehmen des anderen, wirklich zuhören, was gesagt wird und auch das nicht Ausgesprochene wahrzunehmen – aktiv Hören, Zuhören nennen wir das. Diese beiden Regeln sind entscheidend für die konstruktive Transformation der Spannung. So kann das Gespräch Erkenntnis bringen und kann, als dritte Grundregel, Sichtwechsel über die Situation bewirken.

Zur Fortsetzung unseres Gesprächs kommen die beiden mit einigen neuen Erfahrungen. Sie haben viel miteinander gesprochen. Für Rita ist das ungewohnt, zu Hause wurde nie viel geredet, schon gar nicht über Gefühle. Rita spürt jetzt die Enge, in der sie in ihrer Familie gebunden sind, ohne echte Nähe zuzulassen. Sie lässt sich in die offenen Arme von Simon fallen. Er war viel allein in seiner Kindheit und genießt jetzt die Nähe und das Vertrauen der Zweisamkeit.

Sie vergleichen das Alleinsein, von dem Simon spricht, mit dem Alleinsein in Ritas Familie, in der alle zusammen sind und doch keine Nähe entsteht. Auch zwischen den Schwestern gibt es keine wirkliche Nähe, am intensivsten noch, wenn sie miteinander streiten. Das ist allerdings dann eine Nähe durch Kränkung. Rita und Simon wird jetzt klar, dass der Konflikt, den sie miteinander klären wollen, für sie beide ein neues Verständnis ihrer Beziehung bereithält. Sie haben beide Anteil an der komplexen Spannung dieser Konfliktsituation. Sie erkennen und benennen die Teile des Konflikts, soweit bisher bekannt. Simon sieht sich keineswegs als „Überlegener" in der Beziehung. In Zukunftsvorstellungen sieht er sich für Dinge des Haushalts als ebenso selbstverständlich zuständig wie bisher auch. Für Rita ist offenbar das Thema Kinderwunsch konfliktbelastet. Die Fragen, wie ihr Wunsch nach einem Blumenladen mit einer Mutterschaft zu verbinden sein könnte, belasten sie sehr. Sie kennt kein Paar, das selbstverständlich und tatsächlich die unterschiedlichen Aufgaben von Kind und Haushaltsdingen teilt – schon gar nicht, wenn beide Elternteile berufstätig sind. In allen Beziehungen, die sie kennt, übernehmen die Frauen die Organisation des Haushalts, ohne zu bemerken, wie selbstverständlich sich das von Anfang an ergibt. Es sei aber auch so, dass die Frauen damit die Kontrolle darüber haben, auf welche Weise die Haushaltsdinge erledigt werden, meint Simon.

Im Gespräch fällt Rita und Simon auf, dass ihre noch unklaren Vorstellungen gar kein Vorbild haben, mit dem sie sich auseinandersetzen könnten. In der Generation ihrer Eltern zum Beispiel gibt es keine berufstätigen Mütter. Es ist ihnen jedoch klar geworden, dass es zuerst wichtig ist, miteinander über ihre jeweiligen Vorstellungen zu sprechen. Es geht zuerst darum, einander kennenzulernen und zu verstehen, welche Wünsche und Bedürfnisse sie jeweils mitbringen. Je besser sie einander jetzt am Anfang ihrer Beziehung erkennen, desto sicherer werden sie die kommenden Konflikte bewältigen. Dieses überraschend klare Bekenntnis zur Reflexion ihrer Beziehung und des eigentlichen Konflikts freut mich und verspricht, dass sie auch weiterhin daran arbeiten werden. Klar ist nun auch, dass in Zukunft andere Konflikte entstehen werden, dass aber der Umgang mit Konflikten immer der Gleiche bleibt.

Rita und Simon haben den Anfang gemacht, indem sie sich mit ihren Konflikten beschäftigen. Das ist eine der bestmöglichen Investitionen in ihre Beziehung. Wenn es ihnen gelingt, in Zukunft die auf sie zukommenden Konflikte mit bewusster Erkenntnissuche zu verhandeln, wird ihnen ein wichtiger Baustein für eine entwicklungsmächtige Beziehung zur Verfügung stehen. Da sie positive Erfahrungen gemacht haben, werden diese auch zukünftig in spannungsreichen Episoden ihre konstruktive Streitkraft stärken. Ihr Konfliktthema handelt von einem der zentralen Themen unserer Zeit. Es geht für uns alle um die vielen „Gesichter" der Demokratie und um Geschlechtergerechtigkeit, um Rechte und Pflichten, um den selbstbewussten Einsatz für die politische und private Gleichstellung von Frauen und um den Abbau von Hierarchien hin zu Begegnungen auf selbstverständlich gleicher Augenhöhe.

Frauen & Demokratie

Nach ersten Erfolgen der Frauenbewegung in Österreich – als zum Beispiel die Zulassung von Frauen zu höherer Bildung und zu Universitäten erreicht wurde – war das Erlangen des allgemeinen Wahlrechts ein Höhepunkt. Das war ein großer Erfolg nach Jahrzehnten der Bemühungen und der mutigen Kämpfe zur Gleichstellung von Mann und Frau. Am 12. November 1918 wurden die Grundsätze des Wahlrechts für Österreich festgelegt. Im Gesetz über die Staats- und Regierungsform der Ersten Republik wird in § 9 die Wahlordnung bestimmt, sie soll „…auf dem Stimmrecht aller Staatsbürger ohne Unterschied des Geschlechts…" beruhen.

Es ging seit Jahrhunderten und geht weiterhin darum, die bestehenden Verhältnisse für Frauen und Mädchen zu verbessern. Weltweit und in allen Kulturen haben sich viel zu viele weibliche Menschen daran gewöhnt, sich selbst als minderwertig zu sehen. Die immer noch verbreitete Erwartung, meistens gar nicht bewusst, geht davon aus, dass Frauen sich kleiner machen neben ihren männlichen Partnern. Wie können solche Muster überwunden werden? Sich klein machen geschieht weitgehend ohne bewusste Entscheidung, quasi als „normales" Rollenverhalten. Aber genau genommen ist es eine Selbstverletzung und bewirkt als solche auch innere Konflikte. Es handelt sich in diesen Selbstabwertungen zumeist um unbewusste innere Konflikte.

Die Selbstabwertung wird sich selbst zugefügt, in den gesellschaftlich zugewiesenen Rollen. Das gilt für die reale

Körpergröße ebenso wie für die Persönlichkeit. Sich kleiner zu machen, obwohl das nicht wirklich mit der eigenen Wahrnehmung übereinstimmt, muss zu inneren Konflikten führen. Der Widerstand kann sich gegen sich selbst richten oder gegen alle möglichen Projektionsobjekte. Die weitreichenden Folgen dieser Thematik der Selbstabwertung sind guter Stoff für zahllose psychotherapeutische Interventionen, für Literatur und Kunst etc. Und sie treten freilich auch als Konflikt auf, in der Partnerschaft, Familie und überall, wo dieser Mangel eine Rolle spielt. Das Streitverhalten drückt sich entsprechend aus, als Gewalt im Denken, Sprechen, Handeln. Diese Rollenzuweisungen werden zumeist nicht angesprochen, umso mehr sind sie Bestandteil der unbewussten Selbstbewertungen. In partnerschaftlichen Beziehungen werden die Erwartungen aufgerufen, die wir aus den frühen Erfahrungen der jeweiligen Familienkultur bewusst oder unbewusst geltend machen. Die unterschiedlichen Erwartungen befördern jede Menge Konfliktstoff und verlangen dringend nach konstruktivem Streit. In der Regel sind diese Kompetenzen allerdings nicht ausgebildet. Dieser Ausdruck der Hilflosigkeit mit Konflikten umzugehen, führt in den privaten Kampf, in Gegnerschaft, bis in Feindschaft und Krieg, jedenfalls zu Zerstörungen aller Art.

Wie können die „seit jeher" geltenden Meinungen im innersten persönlichen Selbstbild abgeschafft werden? Weltweit übernehmen Frauen einen überwiegend großen Teil der unbezahlten Arbeit. Diese Arbeit muss gemacht werden, um das Leben, wie wir es leben, zu ermöglichen. Aber warum muss diese Arbeit unbezahlt geleistet werden? Weil sie hauptsächlich von Frauen im familiären Kontext übernommen wird? Pflege, Haushalt, Kinder sind „selbstverständlich" weibliche Aufgaben. Wieso übernehmen Frauen diese uralten Rollen häufig zu Anfang der Liebesbeziehung, ohne dass das so entschieden wird? Alle diese Fragen sind geeignet, als Fragen so lange zu wirken, bis die Antworten im veränderten Handeln sichtbar werden.

Die überraschende Erfahrung, als Frau zuständig für Angelegenheiten des Haushalts zu sein, kann zum Auslöser für Streit werden. Entsprechende Konflikte neigen dazu, chronisch zu werden und sie reichen vom privaten Umgang mit Spannungen bis zum Umgang mit und in einer Demokratie. Wenn weibliche Menschen als Mangelwesen gesehen werden, sind Begegnungen auf Augenhöhe ausgeschlossen. Einander wahrnehmende Begegnungen müssen also gelernt werden. Im Rechtsstaat und der Definition von Bürger- und Bürgerinnenrechten können wir die Begegnung von Menschen in ihrem Verhältnis zu den Menschenrechten befragen. Wir haben also die Wahl, unsere Position in der Gesellschaft zu reflektieren und zu bestimmen, ob wir Veränderungen anstreben oder in bestehenden Strukturen verweilen wollen. Beide Positionen werden Konflikte provozieren. Veränderungen sind konfliktreich. Sich im alltäglichen Dilemma einzurichten, lässt andere Spannungen entstehen, sie zu transformieren wird mit entsprechend angewandten Regeln für konstruktive Streitkraft gelingen. Frauen hier in Westeuropa haben die Chance, ihren Beitrag streitbar, demokratiepolitisch engagiert, sozialkompetent und konfliktfähig zur Stärkung unserer Demokratie einzubringen. Sie haben die Freiheit, ihre Stimmen und ihre Interessen zu benennen, in den Alltag einzubringen, in den großen Transformationsprozess, in dem wir uns alle befinden.

Haben Frauen auch die innere Sicherheit, ihre Meinung selbstbewusst zu äußern? Widersetzen sie sich den

Scheinlösungen von Harmonieversprechen? Bringen sie die konstruktive Streitkraft ein, die notwendig sein wird, um den Kreislauf von Zerstörung und Gewalt zu unterbrechen? Wir erleben, welthistorisch einmalig, dass Frauen an der Gestaltung von politischen Entscheidungen beteiligt werden. Frauen können der jahrhundertealten Hierarchie der Gewalt, die vom Patriarchat bestimmt wurde, andere Möglichkeiten entgegensetzen. Wenn sie streiten lernen. Wenn sie als gleichberechtigte Mitgestalterinnen des demokratiepolitischen Prozesses auftreten. Wenn sie sich als ebenbürtig verstehen, sich also tatsächlich als gleichwertig erleben. Und, last, not least, wenn sie neue, andere Formen des Umgangs mit Konflikten einbringen. Wenn sie Erkenntnisse, kreative Ideen und überzeugende Vorschläge zum Umgang mit Konflikten entwickeln, anders als die bisher selbstverständlichen Formen der Gewalt.

Einen wesentlichen Anteil an diesem Prozess der Entwicklung von Kompetenzen, die den Umgang mit Konflikten betreffen, hat die Bereitschaft zur Selbstreflexion, die bewusste Auseinandersetzung mit den eigenen inneren Konflikten, den Bedürfnissen, Absichten und Taten. Das Grundprinzip, eigene innere Differenzen zu erkennen, ermöglicht die Suche nach anderen Begegnungen als denen der Gewalt, Begegnungen mit sich selbst und mit anderen.

Ein zentrales Thema sind die oft unterschiedlichen Vorstellungen über das Leben als Familie und der Planung von Mutterschaft. Die Vorstellungen stammen aus den je eigenen Erfahrungen in unserer Kindheit. Wir entdecken im Lauf des Lebens, wie unterschiedlich diese Erfahrungen sein können. In diesen Differenzen steckt wieder enormes

Konfliktpotential. Der Wunsch nach Begegnung trifft auf Abwehr. Angst baut Mauern. Erinnerungen handeln von Gewalt. Einander zu erkennen, durch den Schmerz hindurch, gelingt oder gelingt nicht.

Die großen Themen des Lebens werden oft im Sinn der Meinungen und Erwartungen anderer behandelt. Wir entsprechen häufig dem, was die Menschen um uns herum für wichtig und richtig halten. Wir ahnen, dass Alternativen möglich wären, manchmal lässt der Innere Monolog solche Widersprüche auftauchen, die uns nicht voll bewusst sind, die aber in uns rumoren. Immer wieder gewinnen die Versprechungen von Sicherheit gegen die vielen Formen der Angst. Die Differenzen rumoren im Verborgenen, werden zu inneren Konflikten. Sie meinen die Widersprüche, die auftreten, wenn wir gegen unsere Sehnsucht und gegen unsere eigentlichen Bedürfnisse im Sinne der Erwartungen handeln, die andere an uns haben. Im Gegensatz dazu verstärkt der bewusste, konstruktive Umgang mit Konflikten eine persönliche Haltung, die ihre eigene Meinung selbstbewusst vertreten kann.

Welthistorisch haben wir eine bisher einmalig günstige Ausgangsposition als Frauen gleichberechtigt aufzutreten und diese neue Streitkultur zu verbreiten. Die zahlreichen Krisen können auch Ansätze für Veränderung liefern. Einerseits werden Frauen von den Alltagsforderungen in Zeiten der Krisen oft erst recht wieder auf traditionelle Rollenmuster verwiesen. Wenn dazu noch eine wirtschaftliche Abhängigkeit kommt, sind die Verhältnisse wieder hergestellt, die gleichberechtigte Begegnungen von Frauen und Männern erschweren oder unmöglich machen. Unter dem Druck der Überforderung kann häusliche Gewalt zur Antwort werden.

Andererseits können Krisen neue Kräfte mobilisieren, die Frauen ermutigen, eine eigene Meinung im privaten und im öffentlichen Leben selbstbewusst zu vertreten. Über das Verhalten in Konflikten wird deutlich werden, ob Frauen die Krisen für ihre persönliche Entwicklung nutzen können. Oder nicht.

Atmen

Im Anfang ist der Atem. In letzter Zeit ist das Atmen mit gebührender Beachtung geehrt worden. Die verbreitete Begeisterung für Yoga hat sicher dazu beigetragen. Die Tatsache, dass tiefes Atmen enorme Auswirkungen auf sowohl den seelischen als auch auf den körperlichen Zustand hat, diese Tatsache ist für „Konstruktives Streiten" von weitreichender Bedeutung. Bewusst eingesetztes Atmen unterstützt die erwünschte Entwicklung im Prozess der konstruktiven Streitkraft.

Bitte lassen Sie sich kurz auf eine Erfahrung ein, die ich Ihnen hier vorstellen werde. Setzen Sie sich bequem hin, schließen Sie die Augen und beobachten Sie ihren Atem, ohne etwas Besonderes zu tun, beobachten Sie die gewohnten Atemzüge etwa drei Minuten lang.

Wenn Sie sich auf diese Übung eingelassen haben, werden meine nächsten Hinweise Ihren Wahrnehmungen während der Übung entsprechen.

Die Beobachtung Ihrer Atmung hat Ihre Aufmerksamkeit nach innen geholt. Das ist für unseren Erkenntnisweg enorm wichtig. Wir sind in Zeiten der permanenten Reizüberflutung mit der Aufmerksamkeit meistens „außer uns". Bilder, Geräusche, Verlockungen aller Art wollen wahrgenommen werden, Schönes und Schreckliches kämpfen um unsere Aufmerksamkeit. In dem ruhigen Wahrnehmen Ihrer Atmung hat sich Ihre Aufmerksamkeit nach innen gerichtet. Vielleicht haben Sie dabei auch gespürt, wie Sie ruhig werden? Die Beobachtung des Atems in diesen entspannten Momenten beruhigt, öffnet den Zugang zur Spürsamkeit im Körper. Die Aufmerksamkeit richtet sich auf das Innen des Körpers.

Jetzt lade ich Sie auf eine weitere Erfahrung ein. Setzen Sie sich wieder entspannt und bequem hin und achten Sie diesmal darauf, wo Sie genau was in Ihrem Körper spüren. Das beginnt mit dem Spüren der kühlen Luft, die durch die Nase einströmt und bis etwa zur Höhe des Kehlkopfes gespürt werden kann. Atmen Sie tief bis in den Bauch hinein. Visualisieren Sie die Verteilung des Sauerstoffs im gesamten Körper und erspüren Sie, wo und was Sie spüren können. Benennen Sie das, was Sie spüren. Es geht nicht um Bewertung, nicht um „richtiges Atmen" oder „richtiges Spüren", sondern um aufmerksame Spürsamkeit innen im Körper. Benennen heißt, – das, was Sie spüren zur Sprache zu bringen. Das eröffnet den Weg zum Verstehen, was das Erspürte bedeutet. Das Wissen des Körpers ist erstaunlich und führt zur Deutung von Erfahrungen und zum Erkennen von Verbindungen, ermöglicht also entwicklungsmächtig das, worum es geht.

Das Innehalten mit bewusstem Atmen ist eine wichtige Technik für diese Erfahrung. Atmen Sie mindestens ebenso tief aus, wie Sie tief eingeatmet haben. Das Ausatmen soll von den Bauchmuskeln unterstützt werden, bis wirklich alles Kohlendioxyd ausgeschieden ist. Im Einatmen wird der Körper mit lebenswichtigem Sauerstoff versorgt, im Ausatmen soll das Kohlendioxyd als unerwünschte Belastung ausgeschieden werden. Diese Übung des bewussten, tiefen Ein- und Ausatmens sollten Sie täglich wiederholen, so dass Ihnen diese Art des Atmens selbstverständlich wird.

Es ist wahrscheinlich, dass Ihnen diese Erfahrungen des bewussten Atmens mit der Zeit in unterschiedlichsten Situationen zur Verfügung stehen werden, nämlich in Situationen von Unsicherheit und allgemeinem Druck. Also im Konfliktfall. Denn dieser bewusste Atem führt nach Innen zur inneren Ruhe und Kraft. Das wird in Konfliktsituationen sehr hilfreich sein.

Außerdem leben wir in einer Zeit der großen Krisen und Konflikte. Dieser oft als individuelle Überforderung erlebte Druck führt zu flachem Atem. Unter Druck von Gefahr und Herausforderungen aller Art wird flach und vorsichtig geatmet. Das ist die natürliche Reaktion aller Lebewesen. Chronischer Druck signalisiert dem Körper, vorsichtig zu sein. Das bedeutet unter anderem flach zu atmen. Permanent flacher Atem bedeutet also auch permanent zu wenig Sauerstoffzufuhr, und im Ausatmen, das entsprechend zu flach sein wird, bleibt damit zu viel Kohlendioxyd im Körper. Sauerstoff ist Leben, zu wenig davon sollte uns alarmieren. Zu viel Kohlendioxyd dagegen führt in die Übersäuerung.

Der Atem ist eng mit unserem Bewusstsein verbunden. Die Verbindung, die unsere Atmung zwischen Körper und Geist herstellt, wirkt spürbar auf das vegetative Nervensystem und auf den Herzschlag. Tiefe Atmung wirkt beruhigend auf das Denken, schafft damit den Raum und den Abstand vom Geschehen, der für den jeweiligen Prozess der Entscheidung frei sein sollte. Damit unterstützt der Atem die Einrichtung der notwendigen Distanz zum Konflikt und damit die Möglichkeit des Sichtwechsels. Die Atmung kann bewusst und absichtlich beeinflusst werden, flach oder tief, schnell oder langsam.

Wie viele Pulsschläge haben Sie pro Minute? Wissen Sie, wie oft Ihr Herz täglich Blut durch den Körper pumpt? Wenn Sie nachrechnen, sind es durchschnittlich 100.000 Pumpbewegungen täglich. Die meisten Menschen schenken ihren innerkörperlichen Funktionen nur dann Aufmerksamkeit, wenn etwas nicht so ist, wie es sein soll. Die Übung, die ich hier vorschlage, soll Sie Ihren eigenen Rhythmus finden lassen. Setzen Sie sich bequem hin und suchen Sie Ihren Puls, um die Herzfrequenz zu spüren. Schließen Sie die Augen. Atmen Sie im Rhythmus Ihres Herzens. Lassen Sie sich nicht von Außengeräuschen ablenken. Folgen Sie den Bewegungen Ihres Atems. Spüren Sie, wie die Luft in Ihren Körper hineinströmt, sich ausbreitet, wieder herauskommt. Denken Sie nur an Ihren Atem und den Rhythmus des Herzschlags. Fünf Minuten. Ist Ihnen das zu lang? Wenn Sie Ihren Rhythmus gefunden haben, sagen Sie Ihrem Herzen anerkennend Dank für diese Leistung, die keine Maschine der Welt so wartungsfrei erledigen könnte. Folgen Sie einem Atemzug durch das Innere Ihres Körpers und danken Sie allen Ihren Organen für die Bereitschaft, Tag für Tag ihre Aufgaben zu erfüllen. Widmen Sie dem Rhythmus Ihres Körpers Aufmerksamkeit und allen Funktionen liebevolle Anerkennung.

Jeder Körper hat seine individuellen Stärken und Schwächen. Beide, die Schwächen und die Stärken, brauchen Anerkennung und Zuwendung. Wie die stärkeren und schwächeren Familienmitglieder, Freundinnen und Freunde.

Wenn Sie mit dieser Übung Zugang zu Ihrem körperlichen Rhythmus finden und Sie sich daran gewöhnen, mit dem Atem ein paar Minuten diesen inneren Rhythmus zu trainieren, dann verfügen Sie in Schrecksituationen plötzlicher Herausforderung über ein wichtiges Hilfsmittel: tief atmen! Angst, Schmerz und Schreck stoppen nämlich den Atem. Wer aber in solchen Situationen und selbstverständlich besonders in Konflikten die Aufmerksamkeit nach Innen lenken kann, wird nicht „außer sich" sein.

Der Zusammenhang zwischen tiefem Atem und allgemeiner Gesundheit ist in vielen östlichen Kulturen seit tausenden Jahren bekannt: „Tiefer Atem, langes Leben", heißt es. Wenn wir uns mit Konflikten beschäftigen und ein bewusstes Atmen als Technik einsetzen, bietet das tiefe Atmen den Freiraum und die notwendige Pause für den Erkenntnisprozess, der spezifisches Wissen und Kreativität erfordert. Die persönliche Lebenskonstruktion wird im Konfliktverhalten deutlich. Welche Bedeutung geben wir unserer Streitkultur?

Um diese Frage zu beantworten, entspannen Sie sich bitte mit ein paar tiefen Atemzügen. Wo spüren Sie im Körper die Antwort? Was spüren Sie? Wie nennen Sie das, was Sie spüren? Was bedeutet es? Fragen können eine wichtige Grundlage sein für eine gelingende Transformation von Spannung in Erkenntnis. Sie formulieren Hinweise für das Verständnis eines Konflikts. Diese Transformation ist die soziale Praxis, durch die wir unseren Konflikten Bedeutung und Sinn geben.

Es geht also immer wieder um Transformation. Ich habe bisher die historische Entwicklung des Verhaltens in Konflikten dargelegt von der unendlichen Geschichte der Gewalt, von Geboten und Strafen, von hierarchischen Strukturen und ihren Machthabern, und vom „Untertanengeist" des

Gehorsams als Strategie der Unterwerfung. Ich habe konstruktive Kommunikationsregeln beschrieben, die als soziale Praxis für eine andere Haltung im gesellschaftlichen Wandel von autoritären Strukturen zu Demokratien hilfreich sein können. Die bedeutende Herausforderung, die für Frauen darin besteht, ihre Stimmen einzubringen in diesen gesellschaftlichen Prozess der Entwicklung von Demokratie, wurde betont und Methoden zur Unterstützung dieses allgemeinen Transformationsprozesses untersucht. Die Spürsamkeit des Körpers kann Hinweise zum Verständnis des Konflikts anbieten. Der Innere Monolog weist den Weg zu inneren Konflikten, und ermöglicht so die Beeinflussung ebendieser Konflikte. Und als erstaunlich tiefenwirksam stellt sich auch das Atmen heraus, das enorme Auswirkungen auf sowohl unseren seelischen als auch auf den körperlichen Zustand hat.

Angst

Jetzt soll es um ein zentrales Hindernis für die konstruktive Streitkultur gehen, um die Angst. Angst lähmt die Kraft zur Auseinandersetzung. Angst tritt in vielen Masken auf. Sie verbirgt sich im Wunsch nach Harmonie. Angst ist eine schicksalsmächtige Energie, sie hemmt Entwicklung, wenn sie sich gegen das Lustprinzip und gegen Neugierde durchsetzt. Angst in Konfliktsituationen kann bestimmend für das Denken werden, weil sie sich von jeher aus der Position von Ohnmacht erlebt. Wichtig ist die Unterscheidung von Angst und Furcht. Furcht bezieht sich auf etwas Konkretes. Angst wird erlebt als ein „Sich-ausgesetzt-Fühlen" gegen etwas nicht Benennbares. Menschen spüren Angst als eine unspezifische Bedrohung. In den frühen Monaten und Jahren ihres Lebens sind Kinder schutzbedürftig, abhängig von Erwachsenen, die die maßlosen Wünsche des Kindes einschränken. Dieser Prozess geht mit Geboten und Strafen einher und löst Angst aus. Das Kind unterwirft sich, behält allerdings diese frühen Erfahrungen von Gewalt als verdrängte Erinnerungen im Unbewussten weiter. Sie sind mit der Angst aufgeladen, die das Kind in dem Konflikt real erlebt hat. Die unbewusste Dynamik bewirkt im späteren Leben in Konflikten ein spezifisches Verhalten, dessen Motive nicht klar erkennbar sind.

Weil Angst in einer Zeit entsteht, die noch nicht über Vernunft verfügt, ist sie an verdrängte Erinnerungen gebunden und agiert aus dem Unbewussten heraus. Das Unbewusste heißt so, weil es dem Bewusstsein weder direkt zugänglich noch dem Willen und entsprechend seinen Entscheidungen verfügbar ist. Angst wirkt von daher gut getarnt und meistens in Wirkungsbereichen, die uns selbst unverständlich sind. Wer glaubt, keine Angst zu haben, irrt. Wir alle haben Angst. Allerdings ist das Ausmaß unterschiedlich, wie auch das subjektive Bewusstsein darüber. Sich keiner Angst bewusst zu sein, heißt keineswegs angstfrei zu sein. Das Unbewusste kann bearbeitet und in Bewusstsein transformiert werden. Möglicherweise kennen Sie den Begriff der „Diversifikation des Vermögens" und denken dabei vermutlich an den Reichtum von Geld und Besitz. Wir können jedoch mit dem Begriff Vermögen auch den Reichtum an Persönlichkeit meinen. Die Doppelbedeutung führt zu dem Thema, um das es hier geht. Wir untersuchen den Faktor Angst im Konfliktverhalten. Vermögen verleiht Macht und stärkt somit gegen schicksalsmächtige Gefahren. Das gilt sowohl für materielles als auch für geistig-seelisches Vermögen. Aber die Entscheidung für den einen oder den anderen Weg ist sehr gegensätzlich.

Wirtschaftswissenschaft und Psychoanalyse sind zwei unterschiedliche Wissenssysteme. Die Entscheidung für den einen oder den anderen Erkenntnisweg entspricht einem Glaubensbekenntnis, das dann im jeweiligen Bereich mit der normativen Kraft des Faktischen operiert und tatsächlich Wissen und Kompetenz befördert. Warum trennen wir die beweisbare Welt von der nicht rational erfassbaren und bezeichnen jeweils die andere so häufig als Spekulation? Hier zeigt sich die mangelnde Fähigkeit mit Widersprüchen, also mit Konfliktspannung, umzugehen. Wie bei den zwei Bedeutungen des Begriffs Vermögen markiert die

Trennungslinie zwischen zwei Weltanschauungen Felder, die nur gemeinsam Sinn ergeben. Aber die Polarisierung wirkt wie ein Magnet, der eindeutige Stellungnahmen verlangt. Wer eine Seite bejaht, meint die andere ablehnen zu müssen. Zugehörigkeit zu einer Gruppe, die vorgibt über Wahrheit zu verfügen, verleiht Sicherheit. Gegnerschaft funktioniert als Bollwerk.

Es geht um die Erkenntnis, dass Polarisierung und Abgrenzung hemmend im Konfliktverhalten wirken und mit nicht konstruktiven Energien das Streitverhalten beeinflussen. Widersprüchliche Informationen als Signale für Herausforderungen anzunehmen, wird von einem niedrigen Angstpegel unterstützt. Das entscheidende Dilemma in der Auseinandersetzung mit dem Thema Angst betrifft den Transformationsprozess, der gelingt, wenn Angst zum Wegweiser wird, der zeigt, worauf es ankommt.

Irritationen, Unsicherheiten, Hemmungen sind Signale der Herausforderungen, denen im Konfliktfall nicht auszuweichen, sondern die anzunehmen sind. Das heißt also, Unsicherheit nicht zu verbergen, sondern sich ihr auszusetzen, und vor dem, was Angst macht, nicht abzubremsen, sondern direkt darauf zuzugehen und Hemmungen zu überwinden, indem man genau das tut, was mit Angst besetzt ist. Diese Erkenntnis ist notwendig, um den Prozess der Transformation zu ermöglichen.

In der Auseinandersetzung mit dem Thema Angst ist das entscheidende Dilemma zugleich die Voraussetzung für den Prozess der Transformation. Es geht darum, sich selbst klarzumachen, dass Angst als hemmende Energie – auch wenn sie als solche nicht direkt und konkret bemerkbar ist – zu Polarisierung und Abgrenzung führt. Wir unterscheiden zwischen Furcht, die sich konkret auf bestimmte Gefahren bezieht und diffuser Angst, die aus frühen Erinnerungen gespeist wird und sich mittels symbolischer Symptome bemerkbar macht.

Diese Dynamik anzuerkennen, ist ein bewusster Vorgang. Und ist als solcher zugleich die entscheidende Voraussetzung, die den Zugang zum eigentlichen Transformationsprozess erst möglich macht. Das Besondere daran ist die paradoxe Situation, dass der Wunsch nach Angstfreiheit voraussetzt, zuerst die individuell erworbene Angst überhaupt zur Kenntnis zu nehmen. Nur wer sich der eigenen Angst bewusst wird, kann sich davon befreien.

Mit dem Thema „Angst" als Türhüterin für den Prozess der Transformation im Konfliktgeschehen schließe ich an die ersten Kapitel dieses Textes an. So konnte festgestellt werden, dass die streng hierarchischen Gesellschaften eine Verbindung von Konflikt und Gewalt in unserer Einstellung verankert haben. Diese Verbindung wird oft zu einer inneren Abwehr gegen alles im Kontext von Konflikt oder Streit. Uralte Gewalterfahrungen und Erinnerungen, die unbewusst in uns wirken, wollen erkannt und bearbeitet werden, wenn wir in zeitgemäß flachen Hierarchien demokratischer Gesellschaftsformen leben wollen. Der unbewusste Widerstand tritt auf im Gefühl von Angst, oder in der Leugnung eigener Konflikte, in lähmender Harmoniesehnsucht, oder in Selbstabwertung. Der Innere Monolog bietet sich an als Zugang zu eigenen inneren Konflikten.

Die konstruktiven Kommunikationsregeln ermöglichen den Prozess der Transformation. Auch die Bedeutung von Körperlichkeit im Konfliktverhalten spielt eine wichtige Rolle, ganz besonders das Atmen als wirkungsvolle Unterstützung in Konflikten. Streiten ist eine unverzichtbare soziale Kompetenz für das Leben in einer Demokratie. Die Komplexität der Gesellschaft verlangt nach ebenso komplexer Partizipation, und die wiederum muss unterschiedliche Stimmen gleichberechtigt miteinander zu einer aktiven Streitkultur verbinden.

Ich schreibe diesen Text als ein Plädoyer für eine Streitkultur, für die dringend notwendigen sozialen Kompetenzen unseres Zusammenlebens in einer Demokratie. Schon in den Wurzeln der Aufklärung, wo Freiheit auch Verantwortung bedeutete, keimte der Beginn einer neuen Streitkultur, die aber mit ihrem Appell an die Vernunft einen unerschütterlichen Glauben an Harmonie verbunden hatte. Die Faszinationsgeschichte dieser Streitkultur zeigt sich schon früh als Widerstreit zwischen konservativen und progressiven Weltbildern. Erst durch ihr Zusammenwirken kann ein neues Gleichgewicht entstehen. Der Abschied vom Harmoniekult verlangt, dass sich das Denken ändern muss, dann ändert sich die Welt. Im Denken, im Reden und im Handeln werden Spannungen zwischen Widersprüchen transformiert. So wird Streit als Energie nutzbar gemacht. Ambivalenz wird zur Erweiterung des Möglichen, zur Kompetenz im Umgang mit der Komplexität von Konflikten.

Ich beschreibe in diesem Text Basiselemente konstruktiver Konflikttransformation, um gewaltfreies Streiten zu erklären und Möglichkeiten vorzustellen, wie diese Streitkultur gelernt werden kann. Dringend ist der Bedarf nach emanzipierten Frauen und Männern, die sich mit konstruktiver Kommunikationskompetenz für die lebendige Demokratie einbringen. Es geht um Bewusstsein, Verantwortung, Einfühlung, Zeithorizont und vieles mehr. Ich wünsche den

Leserinnen und Lesern mit diesen Anregungen gute Erfolge mit gelingender Selbstreflexion und lustvollem Streiten.

Streitkraft im Video

Einen anderen Zugang zu den Themen Konfliktkultur bieten über 11 kurze Videos auf YouTube. In diesen Videos werden Schwerpunktthemen der Konfliktkultur als „Streitkraft" erklärt. Mir ist klar, dass der Begriff „Streitkraft" in unserem Denken eng verbunden ist mit Militär, Polizei und Waffengewalt. Sie haben in diesem Text wahrscheinlich festgestellt, dass mir daran liegt, einen Beitrag für die Bewusstseinsentwicklung in unserer Gesellschaft zu leisten. Die Streitkraft soll sich aus individuellem Vermögen entwickeln und nicht verstanden werden als institutionalisierte Sicherheit in Form von Militär usw. Ich verwende diese Videos in Seminaren als Begleitung zu den Diskussionen und Fallbeispielen. Meine Empfehlung ist dabei, sich jedes einzelne Video anzuschauen und Notizen zu machen zu Gefühlen, Gedanken und anderen Signalen im Körper, die angeregt und bewusst werden. Welche Fragen tauchen auf? Wovon fühlt man sich angesprochen? Woraus entwickeln sich reflektierende Gespräche? Es handelt sich, wie ja bereits im gesamten Text, wieder um Einladungen zur Selbstreflexion. Diese Beiträge zur Kultur des Bewusstseins sind die Basis, aus der sich die konstruktive Kommunikation entwickeln kann.

Die 11 Streitkraft Videos sind über diesen QR-Code erreichbar:

Wir, im Büro Konfliktkultur wünschen anregende Reflexionen und freuen uns über Rückmeldung: office@konfliktkultur.at

STREITKRAFT FILM 01: Warum Streiten?
Über den Übergang von streng hierarchischer Ordnung der Gesellschaft zu demokratischem Parlamentarismus; Demokratie verlangt Beteiligung im politischen Prozess; Unterschiedliche Meinungen bilden Konflikte; konstruktives Streiten als soziale Kompetenz.

STREITKRAFT FILM 02:
Was heißt „richtig streiten"?
Richtiges Streiten bewirkt keine Verletzungen, emotional oder körperlich; ist wesentlicher Baustein zur Überwindung patriarchaler hierarchischer Systeme. Besonders Frauen sollten dieses Konfliktverhalten als wichtige Kompetenz stärken, um ihre Stimmen im allgemeinen Diskurs gleichberechtigt einzubringen.

STREITKRAFT FILM 03: Was ist ein Konflikt?
Zwei oder mehrere unterschiedliche Interessen, Bedürfnisse oder Meinungen entwickeln Spannung zwischen den Gegensätzen, diese Spannung ist eine Form von Energie. Die Transformation dieser Energie führt entweder zu destruktivem oder zu konstruktivem Ergebnis, je nach eigenem Handeln. Es geht also um individuelle Verantwortung.

STREITKRAFT FILM 04: spüren, fühlen, denken, sprechen
„Spürsamkeit" als entscheidende Kompetenz, um sich der eigenen Gefühle und Körperreaktionen bewusst zu werden. Klare, ehrliche Kommunikation ist die Grundlagen für konstruktives Streiten. Erst das Benennen und Deuten von Gefühlen und von körperlicher Resonanz lässt uns die zugrunde liegenden Bedürfnissen erkennen!

STREITKRAFT FILM 05: der Innere Monolog
Sich selbst zuhören, den eigenen Inneren Monolog ernst nehmen, Hinweise auf innere Konflikte erkennen, in das Sprechen des Inneren Monologs eingreifen, mit Spürsamkeit deuten und die Verantwortung für den eigenen Inneren Monolog erkennen.

STREITKRAFT FILM 06: Kommunikationsregeln
Alle Konflikte sind mit den drei Grundregeln zu untersuchen, um konstruktive Kommunikation möglich zu machen: eigene Bedürfnisse erkennen, aktiv zuhören können und persönliche Betroffenheit überwinden. Es geht um veränderte Perspektiven, um Sichtwechsel, Vermeidung negativer Formulierungen im Denken, Sprechen und Handeln,

um Abstand von persönlicher Betroffenheit und um das Benennen von Gefühlen.

STREITKRAFT FILM 07: Atmen
Die Bedeutung des Atmens für den Konfliktprozess wird betont. Bewusste, tiefe Atmung ermöglicht im Konflikt, die Aufmerksamkeit nach innen zu holen, Kraft zu finden, „bei sich zu sein".

STREITKRAFT FILM 08: Konflikt als Entwicklung
Die emanzipative Kraft des Konfliktgeschehens baut Selbstsicherheit auf mittels Reflexion und Erkenntnis der zugrunde liegenden Differenzen. Die Differenzen sind die Grundlagen, aus denen erst das Neue entstehen kann. Es gilt, eigene innere Konflikte als Möglichkeit für Entwicklung zu begreifen, Harmonie als lähmende Kraft kritisch zu erkennen.

STREITKRAFT FILM 09: Eskalation
Die Entwicklung der Konflikteskalation in 9 Stufen auf 3 Ebenen, von der Partner-Ebene: Spannung, Diskurs, Entscheidung zur Gegner-Ebene: Koalition, Kränkung, Drohung bis zur Feind-Ebene: Gewalt gegen Sachen, persönlicher Angriff, Krieg. Das Modell von F. Glasl beschreibt die Entwicklung von einer Meinungsverschiedenheit bis zur totalen Vernichtungsbereitschaft, zu zerstörerischer Gewalt. Auch mögliche Formen der Intervention, De-Eskalation und Mediation.

STREITKRAFT FILM 10: Verhandlung
Das Harvard Verhandlungskonzept zur Vorbereitung, Reflexion und Einfühlung, für gelingende Streitgespräche. Interessen, Optionen, Alternativen, Kommunikation, Fairness, Details, Vereinbarungen. Auch mögliches Scheitern wird bedacht.

STREITKRAFT FILM 11: Schlüsselqualifikationen
Konstruktive Kommunikation ist die Grundlage aller Konfliktkultur, Kooperation, Flexibilität, Selbstreflexion, Geduld, Zeithorizont, Spürsamkeit, Frustrationstoleranz, Empathie, Fairness und mehr sind hilfreiche Persönlichkeitsmerkmale für gelingendes, erkenntnisreiches Streiten.

Literatur

Bindseil, Ilse: Ambiguität und Ambivalenz, Scriptor, Kronberg 1976

Einstein, Albert, Sigmund Freud: Warum Krieg? Diogenes, Zürich 1972

Fisher, Roger et al.: Getting to Yes, Fischer, Random House, London 1992

Fisher, Roger, Daniel Shapiro: Beyond Reason, S. Fischer, Frankfurt 2006

Freud, Sigmund: Die Verneinung, 1925, Stud. Ausg. Bd. 3, S. Fischer, Frankfurt 1975

Görnitz, Brigitte, Thomas Görnitz: Der kreative Kosmos, Spektrum, Heidelberg 2002

Heinrich, Klaus: Parmenides und Jona, Stroemfeld, Frankfurt 1982

Heinrich, Klaus: Versuch über die Schwierigkeit nein zu sagen, Stroemfeld, Frankfurt 1982

Jalka, Susanne: Konstruktiv Streiten, Eichborn, Frankfurt 2001

Jalka, Susanne (Hrsg.): DenkenKunstFrieden, DeGruyter, Basel 2018

Mann, Heinrich: Der Untertan, Kurt Wolff, Leipzig 1918

Mann, Frido, Christine Mann: Es werde Licht, S. Fischer, Frankfurt 2017

Metzinger, Thomas: Bewusstseinskultur, Berlin Verlag, Berlin 2023

Parin, Paul: Der Widerspruch im Subjekt, Suhrkamp, Frankfurt 1978

Rosenberg, Marshal B.: Gewaltfreie Kommunikation, Junfermann, Paderborn 1999

Spitz, R. A.: Vom Säugling zum Kleinkind, Klett-Cotta, Stuttgart 1969

Watzlawick, P. et al: Menschliche Kommunikation, Huber, Bern 1969

Wintersteiner, Werner: Kultur des Friedens, Drava, Klagenfurt 2006